ulmer

Ortrud Grieb | Maria Schöler

DER WERKER GARTEN- UND LANDSCHAFTSBAU

3., aktualisierte Auflage

213 Farbabbildungen
16 Tabellen

Bildquellen

Umschlagbild: bogdanhoda/Shutterstock.com

Agroscope, Schweizer Kompetenzzentrum für die Land- und Ernährungswirtschaft, Wädenswil (CH): Abb. 173
Andreas Stihl AG & Co. KG, Waiblingen: Abb. 52
Bayer CropScience Deutschland GmbH, Langenfeld: Abb. 155
Beuth Verlag GmbH, Berlin: Abb. 7 Mitte
Bürki, M., Langendorf (CH): Abb. 162, 163, 172
Druck+Verlag Ernst Vögel GmbH, Stamsried: Abb. 7 rechts
dtv Verlagsgesellschaft mbH & Co. KG, München: Abb. 7 links
Grieb, A., Althengstett: Abb. 159
Hammer, H., Heidelberg: Abb. 95, 103
Lokau, S., Bochum-Wattenscheid: Abb. 26, 27
Lomer, W., Stuttgart: Abb. 38
SVLFG – Sozialversicherung für Landwirtschaft, Forsten und Gartenbau: Abb. 46, 47, 94, 175
Syngenta Agro GmbH, Maintal: Abb. 161

Alle anderen Fotos sowie sämtliche Farbzeichnungen stammen von Ortrud Grieb, Bieselsberg.

Die in diesem Buch enthaltenen Empfehlungen und Angaben sind von den Autorinnen mit größter Sorgfalt zusammengestellt und geprüft worden. Eine Garantie für die Richtigkeit der Angaben kann aber nicht gegeben werden. Die Autorinnen und der Verlag übernehmen keine Haftung für Schäden und Unfälle. Bitte setzen Sie bei der Anwendung der in diesem Buch enthaltenen Empfehlungen Ihr persönliches Urteilsvermögen ein.
Der Verlag Eugen Ulmer ist nicht verantwortlich für die Inhalte der im Buch genannten Websites.

Anmerkung zur Schreibweise (Gendering) der weiblichen, männlichen und unbestimmten Form: Ausschließlich aufgrund der deutlich besseren Lesbarkeit wird in diesem Werk auf die jeweilige Mehrfachnennung oder Anpassung der Schreibweise bestimmter Bezeichnungen verzichtet.

Bibliografische Information der Deutschen Nationalbibliothek
Die Deutsche Nationalbibliothek verzeichnet diese Publikation in der Deutschen Nationalbibliografie; detaillierte bibliografische Daten sind im Internet über http://dnb.d-nb.de abrufbar.

Wollgrasweg 41, 70599 Stuttgart (Hohenheim)
E-Mail: info@ulmer.de
Internet: www.ulmer.de
Umschlaggestaltung: Atelier Reichert, Stuttgart
Lektorat: Werner Baumeister, Birgit Schüller
Herstellung: Silke Reuter
Satz: r&p digitale medien, Echterdingen
Reproduktion: Typomedia GmbH, Ostfildern
Druck und Bindung: Pustet, Regensburg
Printed in Germany

ISBN 978-3-8186-1362-4

Vorwort und Dank

Die Ausbildung zum Werker im Garten- und Landschaftsbau umfasst viele unterschiedliche Interessensgebiete. Jeder GaLaBau-Betrieb braucht Maschinen. So kommen Technikfans voll auf ihre Kosten. Wer gerne baut, kann sich im GaLaBau entfalten. Bei der Gestaltung von Gärten und Grünanlagen braucht man Pflanzenliebhaber mit grünem Daumen.

Damit das Buch nicht zu umfangreich wird, haben wir in der Hauptsache die Inhalte behandelt, die in möglichst vielen Bundesländern unterrichtet werden. Die Texte sind kurz, wichtige Worte sind grün markiert. Bunte, anschauliche, manchmal witzige Abbildungen helfen, die Texte besser zu verstehen.

Wir möchten uns ganz herzlich bei all den vielen Menschen bedanken, die uns bei Fachfragen mit Antworten und Fachliteratur weitergeholfen haben. Ohne sie wäre dieses Buch nicht fertig geworden. Großen Dank auch an jene, die Teile des Manuskriptes gelesen und uns auf Fehler aufmerksam gemacht haben. Oberstudienrat Christian Mannel, Lingen/Ems, Oberstudienrat Stefan Grieb, Hohenheim, und Gärtnermeister Peter Reichelt, Remlingen, haben sich durchs ganze Manuskript gekämpft und viele wertvolle Ergänzungen geliefert. Roger Brandkamp brachte das Thema Sicherheit auf den neuesten Stand.

Recht herzlichen Dank an jene, die uns bereitwillig Tor und Tür öffneten, wenn wir mit dem Fotoapparat unterwegs waren. Einen riesengroßen Dank richten wir auch an den Ulmer Verlag für die gute Zusammenarbeit.

Im Frühjahr 21
Ortrud Grieb und Maria Schöler

Inhaltsverzeichnis

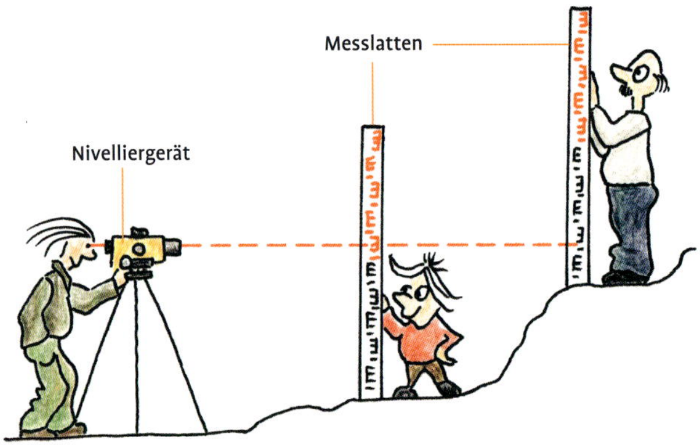

A Betriebsorganisation

Der Garten- und Landschaftsbau gehört zum **Dienstleistungsbereich**; das heißt, man verrichtet Arbeiten für Kunden. Landschaftsgärtner arbeiten in der Regel auf Baustellen, die von öffentlichen oder privaten **Auftraggebern** bezahlt werden. Öffentliche Auftraggeber sind Gemeinden, Städte oder Landkreise. Jeder Angestellte repräsentiert seinen Betrieb. Ein **positiver Eindruck beim Kunden** sichert **neue Aufträge** und damit den eigenen Arbeitsplatz.

Ein Garten- und Landschaftsbaubetrieb muss gut organisiert sein. Diese Aufgabe übernehmen in erster Linie der Unternehmer, ein Geschäftsführer oder ausgewählte Arbeitskräfte. Natürlich muss auch **jeder Beschäftigte** dazu beitragen, dass der Tagesablauf funktioniert, dass die Arbeitszeit gut genutzt wird, dass Werkzeuge, Maschinen und Materialien sinnvoll eingesetzt werden, dass keine Unfälle passieren und vieles andere mehr.

Abb. 1:
Auftraggeber und Auftragnehmer

1 Buchführung und Kalkulation

Für die Buchführung schreibt der Gärtner alle **Einnahmen** und **Ausgaben** des Betriebes auf und sammelt die Belege. Später gibt er alles einem Steuerberater, der daraus die fertige **Buchführung** macht. Er rechnet aus, wie viel **Gewinn** der Betrieb erzielt hat. Wenn die Ausgaben höher waren als die Einnahmen, hat der Betrieb **Verlust** gemacht. Der Steuerberater füllt auch die Formulare fürs Finanzamt aus.

Die **Kalkulation** macht der Gärtner selber. Er **schätzt und errechnet** zunächst die **Lohn-, Material- und Maschinenkosten** für eine Baustelle.

Wenn er zum Beispiel den Preis für eine Arbeitsstunde kalkuliert, rechnet er nicht nur den Lohn, den der Gärtner bekommt. Er berücksichtigt Sozialversicherungen, Urlaubstage, Feiertage und eventuelle Krankheitstage. So kostet eine Arbeitsstunde den Kunden bedeutend mehr als der Gärtner hinterher aufs Konto überwiesen bekommt.

Schließlich rechnet er noch **allgemeine Kosten** (z. B. für Büroarbeit, Werbung, Miete) und einen **Gewinn** ein und schlägt die **Mehrwertsteuer** auf.

Hat der Gärtner **alle Kosten** eingerechnet, macht er dem Kunden ein **Angebot**. Wenn der Kunde damit einverstanden ist, gibt er dem Gärtner einen Auftrag.

Abb. 2:
Buchführung ist wichtig.

2 Auftragsbeschaffung und Auftragsannahme

Um öffentliche Aufträge zu bekommen, nehmen die Gartenbaubetriebe an Ausschreibungen teil (siehe unten). Private Kunden lockt man durch einen guten Ruf, Werbung und Kontakte. Man sieht sich private Baustellen an, bespricht mit dem Kunden, was gemacht werden muss und macht ihm ein Angebot. Kleinere Arbeiten rechnet man auch stundenweise ab.

Abb. 3:
Werbung in der Zeitung

Der Auftraggeber vergleicht die Preise und Leistungen verschiedener Betriebe. Hat ein Gärtner ein günstiges Angebot abgegeben, wird die Fachkunde und Leistungsfähigkeit geprüft: Danach bekommt er den Auftrag. Man nennt das **„den Zuschlag erhalten“**. Dann wird in der Regel ein schriftlicher **Vertrag** geschlossen. Das ist wichtig, falls es im Laufe der Arbeiten zu Meinungsverschiedenheiten kommt. Der Vertrag ist für Auftraggeber und Auftragnehmer **verpflichtend**.

3 Ausschreibungsunterlagen (Baubeschreibung/ Leistungsverzeichnis)

Größere Baumaßnahmen werden in Zeitungen oder Fachzeitschriften veröffentlicht. Dazu erstellt der Auftraggeber oder ein von ihm beauftragtes Planungsbüro die Ausschreibungsunterlagen: **Baubeschreibung** mit **Leistungsverzeichnis**. In der Baubeschreibung werden dem Interessenten Vorinformationen vermittelt (Art und Umfang der Leistung, die Örtlichkeit, Energieversorgung, Einhaltung von Terminen und vieles andere). Im Leistungsverzeichnis steht genau, welche Arbeiten auf der Baustelle anfallen. Es beschreibt, wie und mit welchen Materialien gearbeitet werden soll. Die Arbeiten auf der Baustelle müssen später **genauso ausgeführt** werden, **wie** es **im Leistungsverzeichnis vereinbart** wurde. Das gilt auch für alle verwendeten **Materialien**. Dabei unterscheidet man **bautechnische Arbeiten**, z. B. Mauern, Wege usw., und **vegetationstechnische Arbeiten**, z. B. Rasen, Pflanzungen usw.

Verschiedene Gartenbaufirmen lesen das Leistungsverzeichnis genau durch. Sie kalkulieren ihre Preise für die verschiedenen Leistungen. Die Preise müssen alle Kosten decken und Gewinn bringen. Sie müssen so niedrig sein, dass sie konkurrenzfähig sind, andererseits möchte der Betrieb aber auch viel daran verdienen. Wenn alle Preise hinter den Leistungen eingetragen sind, rechnen die Gärtner alles zusammen und kommen so zu ihrem Angebot.

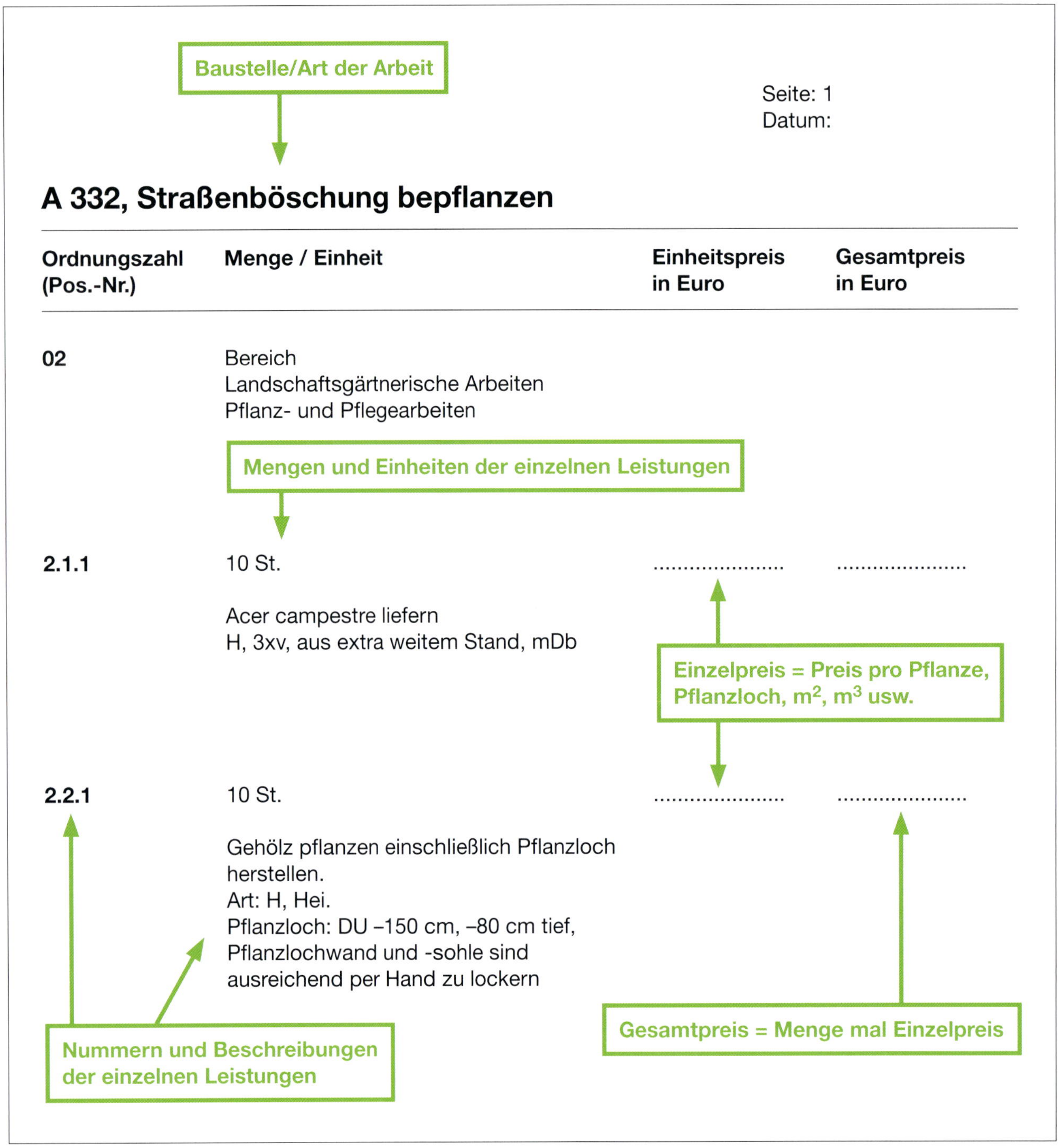

Abb. 4:
Beispiel aus einem Leistungsverzeichnis

Der **Auftraggeber** kann die **Angebote** der **verschiedenen Firmen** leicht **vergleichen**, da das Leistungsverzeichnis für alle Bieter die gleiche Grundlage ist. Wenn das Leistungsverzeichnis gründlich vorbereitet war, sind die voraussichtlichen Baukosten relativ gut überschaubar, da alle auszuführenden Arbeiten enthalten sein sollten. Im Leistungsverzeichnis werden die einzelnen Arbeiten in einem Text zusammengefasst, diese nennt man **„Positionen“**.

4 Organisation von Baustellen

Die **Einrichtung einer Baustelle** entscheidet mit, ob die Arbeiten zügig vorangehen. Man plant, wo Baubüro, Bauwagen, Zufahrten für Bau und Lieferfahrzeuge sind, wo man Materialien lagert und Maschinen abstellt. Alles muss bei jedem Wetter gut erreichbar sein und darf die Arbeit nicht behindern. Wasser- und Stromanschlüsse sind wichtig. Den Baustromverteiler muss ein Elektriker anschließen. Absperrbare Bauzäune oder Container beugen Diebstahl vor. Außerdem muss man die Baustelle vorschriftsmäßig absichern, damit keine Unfälle passieren.

Zum Materiallagern auf **Bürgersteigen oder Straßen** braucht man eine verkehrsrechtliche **Genehmigung**. Wenn wir Verkehrsschilder aufstellen, muss die **zuständige Behörde** die Beschilderung planen.

Wo mehr als vier Leute länger als eine Woche ständig tätig sind, müssen Tagesunterkünfte mit Waschgelegenheit, Ofen und Toilette vorhanden sein, zum Beispiel ein Bauwagen.

Man überlegt, **welche und wie viele Arbeitskräfte** man **wo** braucht. Für den reibungslosen Ablauf der Arbeiten ist es wichtig, die Arbeitskräfte gut einzuweisen und zu informieren sowie einen verantwortlichen Baustellenleiter zu bestimmen.

Beim **Maschineneinsatz** entscheidet man, wann, wo und für welche Arbeiten man welche Maschinen einsetzt. Bei mehreren Baustellen spart eine gute Planung viel Zeit, denn dann gibt's morgens auf dem Hof kein Gerangel um die Maschinen. Treibstoffe (Benzin, Diesel, Benzin-Öl-Gemisch) und Schmierstoffe (Öle, Fette) sowie geladene Akkus müssen immer bereit stehen, damit die Arbeiten reibungslos verlaufen.

Materialien (Schüttgüter, Pflastersteine, Beton usw.), **Pflanzen** (Stauden, Gehölze, Blumenzwiebeln) und Saatgut (für Rasen) muss der Bauleiter zur richtigen Zeit, in richtiger Menge und in vorgeschriebener Qualität beschaffen.

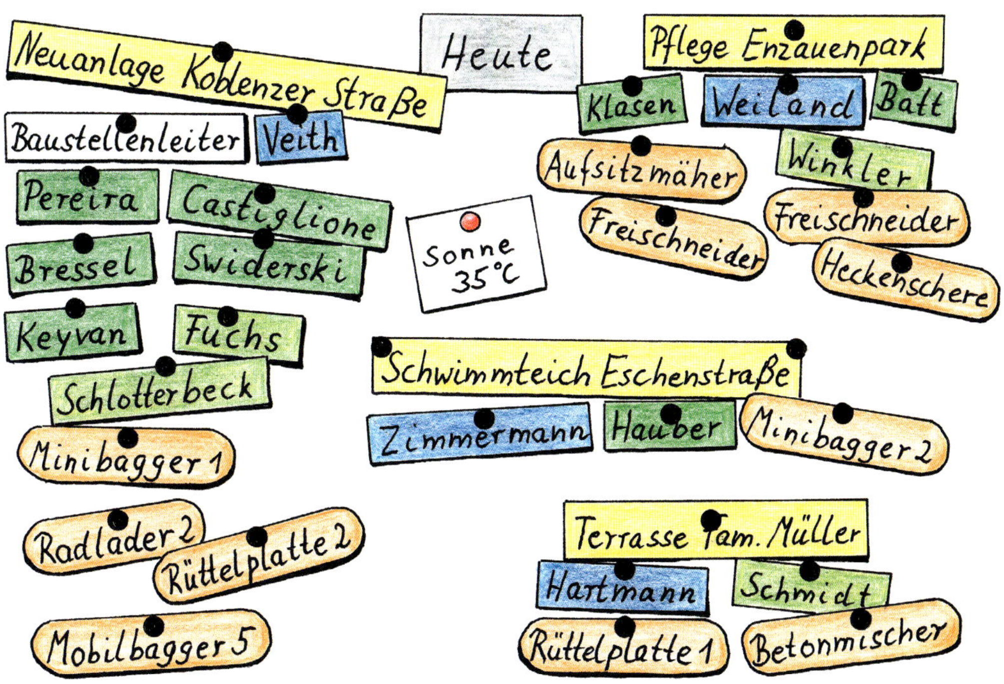

Abb. 5:
Organisation ist alles.

5 Schriftliche Arbeiten auf der Baustelle

Der **Tagesbericht** erfasst alle durchgeführten Arbeiten, eingesetzte Arbeiter und deren Arbeitsstunden, Maschinenstunden, Materialien oder besondere Ereignisse, wie zum Beispiel besonderes Wetter. Der Baustellenleiter schreibt ihn. Er ist wichtig für die Lohnabrechnung und zum Überprüfen der Kalkulation.

Das **Bautagebuch** erfasst Leistungen, Anzahl der Arbeitskräfte und Maschinen, gelieferte Materialien, Planänderungen und anderes. Es wird vom Auftraggeber unterschrieben und ist wichtig für die Abrechnung.

Maschinen-Tagesberichte erfassen die Einsatzzeiten der Maschinen bzw. Fahrzeuge, die geleisteten Arbeiten, verbrauchte Treib- und Schmierstoffe, Wartungsarbeiten und sonstige Vorkommnisse. Der Fahrer schreibt sie. Auch sie sind Abrechnungs- und Kalkulationsunterlagen.

Stundennachweise (Rapporte) braucht man bei Arbeiten, die nach Stunden abgerechnet werden. Kunde und Gärtner müssen für die Richtigkeit unterschreiben. Der Kunde erhält vor Ort einen Durchschlag.

Für das **Aufmaß** muss der Gärtner genau ausmessen und ausrechnen, welche Leistungen sein Betrieb erbracht hat. Das Aufmaß nimmt man am besten **gemeinsam mit dem Auftraggeber**. Bauabschnitte wie Fundamente, die später überbaut werden, misst man sofort nach dem Bau aus. Auf der Baustelle schreibt man die **Messergebnisse** der einzelnen Positionen in ein **Aufmaßformblatt**. Am Schluss unterschreiben Auftraggeber und Auftragnehmer. Damit ist das Formblatt rechtskräftig. Es dient als Grundlage für die Abrechnung. Oft werden sogar Aufmaßpläne erstellt. In Einzelfällen entnimmt man das Aufmaß einem Ausführungsplan. Danach macht der Gärtner mithilfe der Messergebnisse eine Material- und Leistungsermittlung. Später legt er die Messergebnisse und Berechnungen der Rechnung bei, damit der Auftraggeber alles prüfen kann.

Material- und Pflanzenverbrauch werden durch **Lieferscheine** nachgewiesen.

Abb. 6:
Beispiel für einen Stundennachweis

Rapportzettel über Stundenlohnarbeiten

Auftraggeber: Herr Müller Baustelle: Mühlstr. 4 Datum: 9.6.2021

Lohn	Name und Berufsbezeichnung	Std.	Bezeichnung der Leistung
	Beppo Winkler, Werker	0,5	Fahrtzeit
		2	Rasen mähen
		1	Motorsense
		0,5	Zusammen rechen
	Gesamt:	4	

Maschine / Material	Maschine / Gerät / Material	Menge	Einheit	Für den AG angeordnet:
	Aufsitzmäher	2	Std.	
	Motorsense	1	Std.	Datum:
	Benzin	3	l	
	Rasenschnitt abfahren	3	m³	Unterschrift:
				bestätigt:
				Datum:

Für den AN: 9.6.2021 B. Winkler — Unterschrift:

6 Rechtsgrundlagen

Um späteren Rechtsstreitigkeiten vorzubeugen, gibt es eine Reihe von Gesetzen und Regelwerken. Die zwei wichtigsten sind das BGB und die VOB.

- Im **(BGB) Bürgerlichen Gesetzbuch** ist das **Werkvertragsrecht** geregelt. Mit Abschluss eines Vertrages geht der Landschaftsgärtner die Verpflichtung ein, das Werk
- **termingerecht** und
- **frei von Mängeln** zu erstellen.

Klappt das nicht, kann der Auftraggeber
- eine **Nachbesserung** fordern (Beseitigung der Mängel) oder
- eine **Minderung** des vereinbarten Preises fordern, oder
- den **Vertrag auflösen** oder sogar
- **Schadenersatz** fordern.

Der Kunde verpflichtet sich, den vereinbarten Preis zu zahlen.

Verträge werden üblicherweise schriftlich geschlossen. Auch ein mündlicher Vertrag ist gültig, bei Streitfragen ist die Beweisführung jedoch schwierig. Wenn das Bauwerk fertig ist, erfolgt die Abnahme. Bei der Abnahme erklärt der Auftraggeber, dass er mit dem Arbeitsergebnis einverstanden ist. Von diesem Moment an ist er selbst für das Bauwerk oder die Gartenanlage verantwortlich und die Gewährleistungsfrist setzt ein.

- Die **VOB (Vergabe- und Vertragsordnung von Bauleistungen)** hat drei Teile.
- Teil A regelt die Vergabe von öffentlichen Bauvorhaben (Ausschreibung).
- Teil B regelt den Inhalt von Bauverträgen.
- Teil C enthält **DIN-Normen**. Sie werden von Fachleuten ständig überarbeitet und neu herausgegeben. **Die meisten Arbeiten** eines Landschaftsgärtners sind in den DIN-Normen genau **beschrieben**. Dort steht zum Beispiel, wie groß ein Pflanzloch sein muss, dass man Ober- und Unterboden getrennt lagern muss oder wie der Pflanzschnitt erfolgen soll.

Für Aufträge von öffentlichen Einrichtungen **muss** die **VOB** vereinbart werden. **Für private** Aufträge **kann** die **VOB** vereinbart werden. Dann muss sie dem Kunden ausgehändigt werden.

Abb. 7:
Das sollte jeder Verantwortliche auf einer Baustelle kennen.

B Vermessen

1 Längen messen

Beim Messen mit dem **Bandmaß** müssen wir auf folgende Dinge achten:

- Das Bandmaß darf beim Messen **nicht durchhängen**, wir müssen es straff halten.
- Der Griffring und die **Null-Zentimeter-Markierung** sind oft zwei verschiedene Dinge.
- Beim Messen von langen Strecken benutzen wir **Zählnadeln**, damit wir am Schluss wissen, wie oft wir das Band angelegt haben.
- Lange Strecken messen wir zur Kontrolle noch mal rückwärts.
- Bandmaße aus Stoff dehnen sich bei Nässe.
- Wenn wir **Längen fürs Aufmaß** oder für Materialbestellungen messen, spannen wir das **Maßband auf dem Boden** oder fahren die Strecke mit dem **Messrad** ab (Abb. 8).

Abb. 8:
Messen auf dem Boden entlang

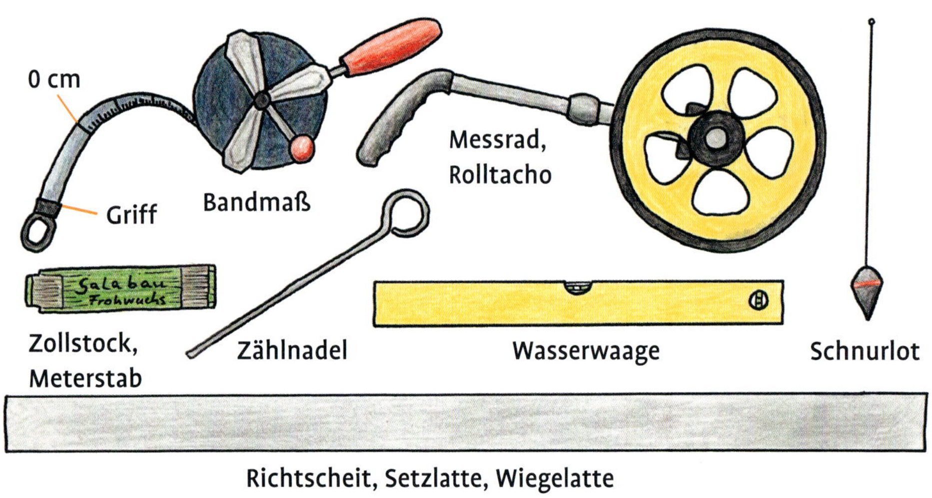

Abb. 9:
Geräte, die man bei der Längenmessung brauchen kann

- Längen aus einem **Plan** oder für einen Plan **messen** wir **waagerecht**. Wir halten das Maßband stramm gespannt und waagerecht. Mit einer festen Latte wird es genauer. Mit dem Schnurlot finden wir den richtigen Punkt in der Luft. Beim waagerechten Messen werden **Strecken mit Gefälle kürzer** als wenn man das Maßband auf den Boden gelegt hätte (Abb. 10).

Mit einem **elektrischen Tachymeter** kann man längere Strecken sehr genau messen. Es misst, wie lange ein Lichtstrahl vom Gerät zu einem Reflektor und wieder zurück braucht. Es kann auch Winkel messen.

Abb. 10:
Waagerechtes Messen

2 Rechte Winkel finden

Rechte Winkel finden wir mit dem **Bogenschlag** oder der **3 : 4 : 5-Methode**.

Wir sollen einen Weg anlegen, der neben der Straßenlaterne im rechten Winkel von der Straße abgeht. Den Punkt, wo der rechte Winkel abgehen soll, nennen wir **Fußpunkt**.

Für den **Bogenschlag** messen wir zwei Punkte am Bordstein aus, die **gleich weit vom Fußpunkt** weg sind, zum Beispiel 4 m weit. Um beide Punkte ziehen wir **Kreise mit derselben Schnurlänge**. Die Schnur muss deutlich länger als 4 m sein, zum Beispiel 8 m. Wo die Kreise sich treffen ist der neue Wegrand (Abb. 12).

Die **3 : 4 : 5-Methode** funktioniert auch **an Ecken**. Wenn wir aus drei Latten mit 3, 4 und 5 m Länge ein Dreieck bauen, bekommen wir einen rechten Winkel.

Abb. 11:
Wie finde ich den rechten Winkel?

Das geht auch mit **Bandmaß** und **Schnur**. Vom Fußpunkt aus schlagen wir einen **3-m-Bogen**, **4 m weiter** schlagen wir einen **5-m-Bogen**. Wo die beiden Bögen sich treffen, ist der neue Wegrand. Wir können das 3 : 4 : 5-Dreieck auch vergrößern oder verkleinern, der rechte Winkel bleibt erhalten (Abb. 13).

Wir sollen Randsteine von der Garagenecke aus so setzen, dass sie im rechten Winkel auf die Straße treffen. Wir wenden den **Bogenschlag** diesmal anders an. Wir schlagen mit der Schnur einen Kreis um die Garagenecke. Die Schnur muss so lang sein, dass sie die Bordsteinkante an zwei weit genug auseinander liegenden Stellen schneidet. Wir markieren die Stellen auf dem Bordstein, messen den Abstand, halbieren ihn und finden so den Fußpunkt (Abb. 14).

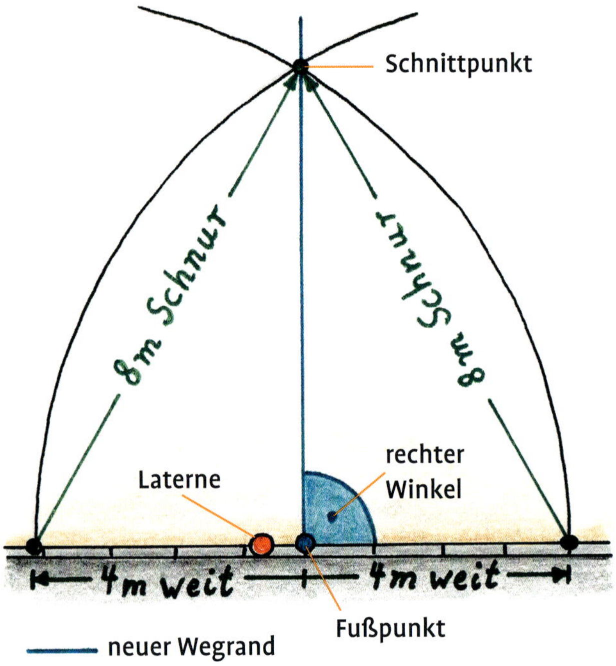

Abb. 12:
Bogenschlag mit Fußpunkt am Straßenrand

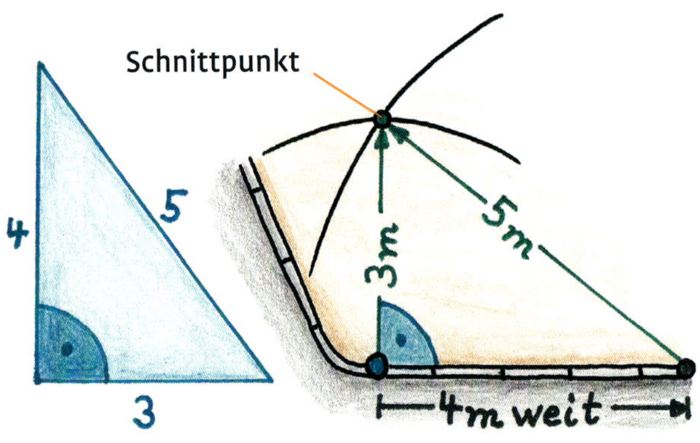

Abb. 13:
Die 3 : 4 : 5-Methode

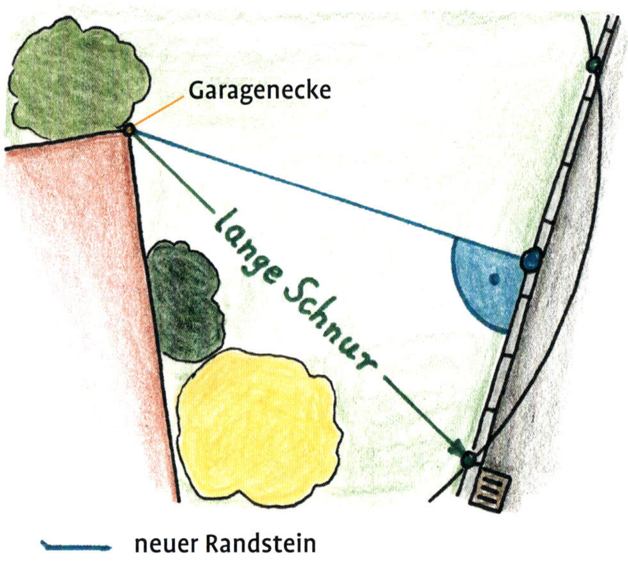

Abb. 14:
Bogenschlag mit Fußpunkt an der Garagenecke

3 Gerade Linien finden

Fluchten bedeutet gerade Linien finden. Auf kurze Strecken spannen wir eine **Schnur**. Bei langen Strecken arbeiten wir mit **Fluchtstäben**. Unten an der Spitze sind sie schwerer als oben, sodass sie automatisch senkrecht hängen, wenn wir sie oben **zwischen zwei Fingern halten**.

Wir wollen eine lange gerade Grundstücksgrenze abstecken. Auf die Grenzsteine haben wir bereits Fluchtstäbe gestellt. Mit dem **Lattenrichter** prüfen wir, ob sie senkrecht stehen. Der Lattenrichter hat eine Libelle. Wenn die Blase in der Mitte ist, steht der Fluchtstab senkrecht.

Der Messgehilfe hält einen Stab in die Linie zwischen den Grenzsteinen. Der Einmesser stellt sich **4–5 m vor den ersten Fluchtstab** und peilt an einer Seite an den Stäben entlang. Er weist den Messgehilfen so lange ein, bis er alle Stäbe genau in einer Linie sieht.

Nun lässt der Messgehilfe den Stab fallen, sodass er genau an der richtigen Stelle im Boden steckt. Mit dem Lattenrichter stellt er ihn senkrecht.

Wir können beliebig viele Stäbe einfluchten, dabei nehmen wir immer abwechselnd einen Stab mit rotem Ende und einen mit weißem Ende. Wir können die Linie auch verlängern, indem wir hinten noch Stäbe anschließen.

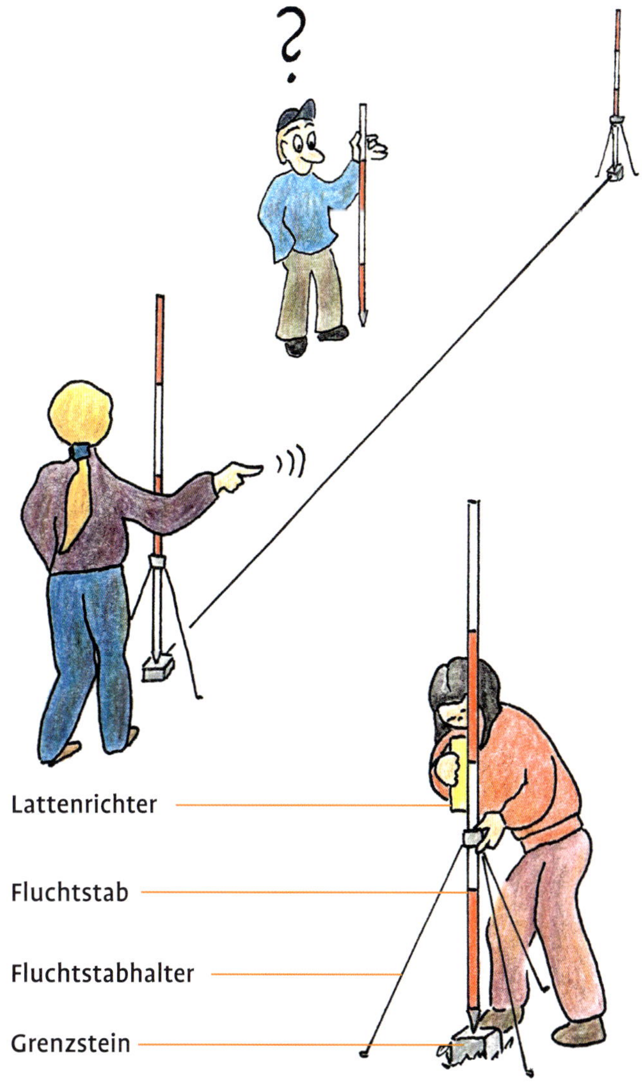

Abb. 15: Fluchten

Abb. 16:
Die Arbeit mit Visiertafeln

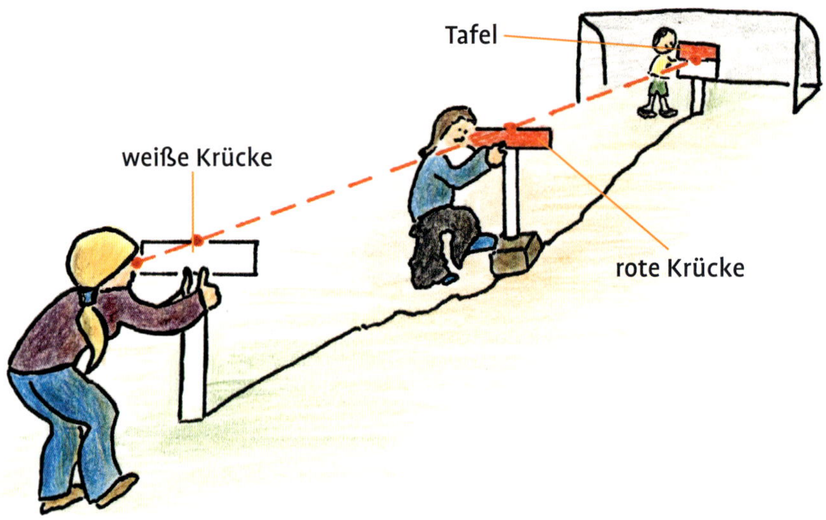

Mit **Visiertafeln** finden wir **gerade Linien in der Horizontalen** (= Waagerechten). Wir können zum Beispiel einen unebenen Fußballplatz einebnen. Wir brauchen drei Leute. Die Tore stehen bereits richtig (Abb. 16). Der „Einmesser" steht am eigenen Tor und blickt über die weiße Krücke zur Tafel. Der „erste Messgehilfe" hält die Tafel am gegnerischen Tor. Der „zweite Messgehilfe" hält die rote Krücke dazwischen. Wenn er sie so hält, dass sie das untere weiße Feld der Tafel genau verdeckt, stimmt die Höhe.

Wenn nur unser Tor und die Mittellinie die richtige Höhe haben, können wir mit den Visiertafeln die Höhe des gegnerischen Tores bestimmen. Diesmal bewegen wir die Tafel solange, bis die Höhe stimmt (Abb. 17).

Abb. 17:
Das rechte Tor ist zu tief.

4 Höhen messen

Mit der **Setzlatte** können wir Höhenunterschiede bei geringen Entfernungen messen. Wir brauchen das zum Beispiel beim **Gefälle messen**. Wir sollen überprüfen, ob das Planum für eine Garageneinfahrt 3 % Gefälle hat. Der Meister drückt uns einen **Zollstock**, ein langes gerades Holzbrett und eine **Wasserwaage** in die Hand. Das Brett nennt er **Setzlatte**. Anderswo heißt es **Wiegelatte** oder **Richtscheit**. Hochwertige Richtscheite sind aus Aluminium und haben eingebaute **Röhrenlibellen**, genau wie die Wasserwaage.

Beim Gefälle messen ist Prozentrechnen einfach. **3 % bedeutet drei Zentimeter pro hundert Zentimeter.** Auf 1 m muss es 3 cm abwärts gehen. Unser Holzbrett ist 4 m lang. Auf 4 m muss es also 12 cm abwärts gehen.

Wir legen das Richtscheit mit einem Ende auf dem Planum auf, schnappen uns das andere Ende samt der Wasserwaage darauf und bringen die Blase in die Mitte. Jetzt ist das Brett waagerecht. Wenn wir nun 12 cm vom Boden weg sind, hat das Planum in der Richtung, in der das Richtscheit liegt, 3 % Gefälle.

Eine **Schlauchwaage** ist ein dünner durchsichtiger Schlauch, der fast vollständig mit Wasser gefüllt ist. In Schläuchen steht das **Wasser** an beiden Enden immer in der **gleichen Höhe**, egal wie lang und verwunden der Schlauch auch ist. Mit der Schlauchwaage können wir Teichränder waagerecht anzeichnen. Wir können Höhen um Mauern oder Ecken herum übertragen. Die Schlauchwaage muss dabei immer nach unten durchhängen, sonst läuft das Wasser heraus. Die Öffnungen des Schlauchs müssen beim Messen offen sein, damit das Wasser sich einregeln kann.

Abb. 19:
Die Schlauchwaage

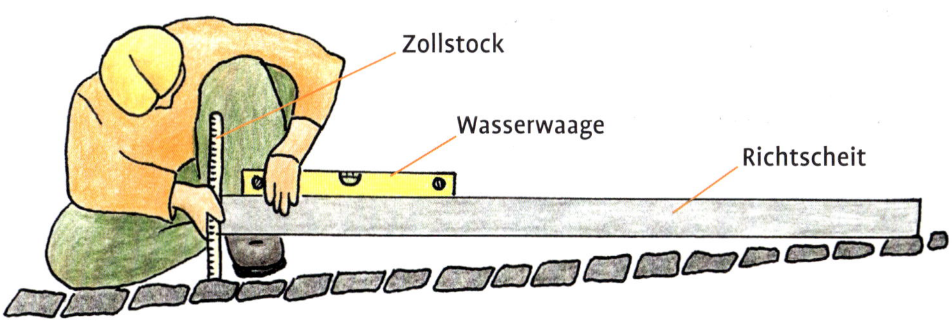

Abb. 18:
Gefälle messen

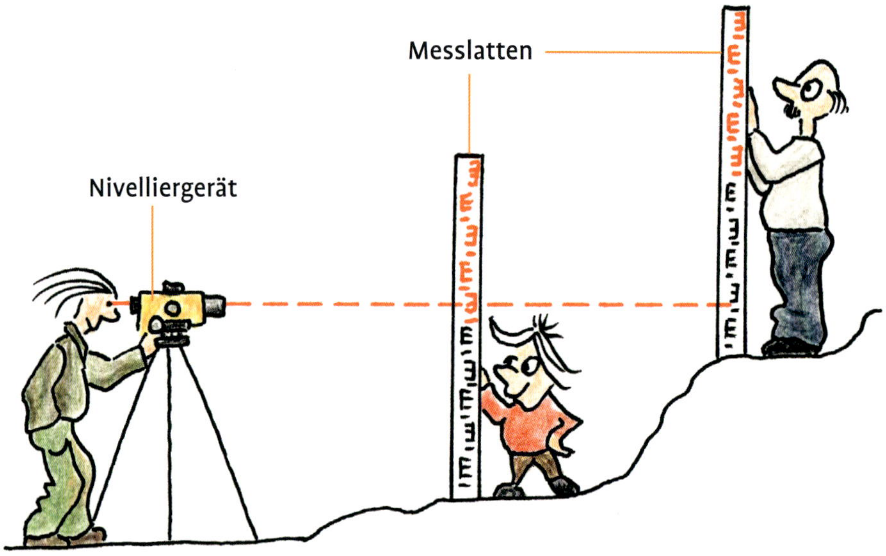

Abb. 20:
Höhenmessung mit dem Nivelliergerät

Mit dem **Nivelliergerät** messen wir Höhenunterschiede bei größeren Entfernungen. Wir stellen es so ein, dass es **genau waagerecht** steht. Ein Helfer hält **Messlatten** auf die Punkte, von denen wir den Höhenunterschied wissen wollen. Durch das Nivelliergerät lesen wir an jeder Latte eine bestimmte Höhe ab. Der **Unterschied zwischen den Werten** auf den beiden Messlatten ist der Höhenunterschied zwischen den beiden Messpunkten. Wir können das Nivelliergerät auch zwischen die Messlatten stellen und es vorwärts und rückwärts drehen. Eigentlich ist das Nivelliergerät eine Art Wasserwaage, denn es sorgt dafür, dass die Blicklinie immer genau waagerecht ist.

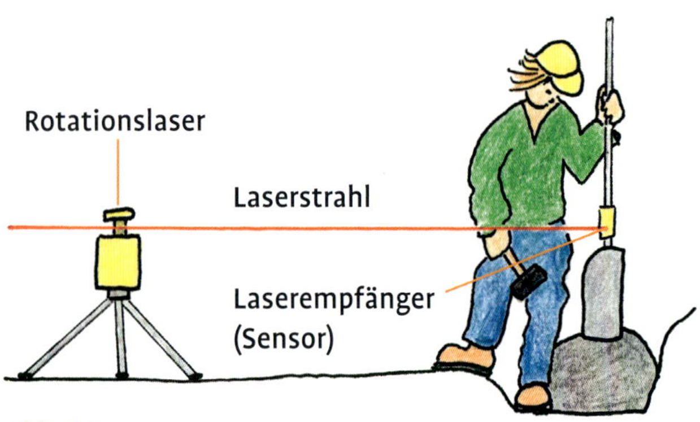

Abb. 21:
Höhenmessung mit dem Laser

Moderne Nivelliergeräte arbeiten mit **Laserstrahl**. Den Laserstrahl können wir waagerecht oder mit Gefälle einstellen. Im Dunkeln sehen wir ihn rot oder grün leuchten. Bei Tageslicht können wir ihn mit einem **Sensor** empfangen. Vorsicht! Wir dürfen **nie direkt in einen Laserstrahl blicken**, sonst gehen die Augen kaputt. Mit dem Lasergerät können wir **allein**, ohne Messgehilfe Höhen festlegen.

5 Totalstation

Die Totalstation ist ein elektrisches **Messgerät**, das mithilfe von Lichtstrahlen Längen und Winkel misst. Es ist leicht zu bedienen. **Eine Person** kann sehr schnell **viele Messpunkte pro Stunde** vermessen, die sofort zu einem **3-D-Modell** verrechnet werden. Man kann das Gerät an einen mobilen Rechner hängen, falls es keinen integrierten Rechner hat. Die Daten kann man per WLAN, über Speicherkarte oder Stick ins Büro übertragen.

C Sicherheit und Gesundheitsschutz

Die **Sozialversicherung für Landwirtschaft, Forsten und Gartenbau** in Kassel hat viele Arbeitsunfälle ausgewertet und daraufhin **rechtsverbindliche Vorschriften für Sicherheit und Gesundheitsschutz (VSG)** herausgegeben, um Menschen in ihrem Beruf vor Gefahren zu schützen. Jeder Arbeitgeber ist dafür verantwortlich, dass seine Beschäftigten diese Vorschriften kennen. **Jeder muss sie befolgen**, damit Arbeitsunfälle und Berufskrankheiten vermieden werden. Wenn jemand im Rahmen eines Versicherungsfalls (Arbeitsunfall, Berufskrankheit) trotzdem zu Schaden kommt, kann die Sozialversicherung die entstehenden Kosten übernehmen. Die Hinweise in diesem Buch sind unvollständig. Mehr Information gibt's unter www.svlfg.de.

Rückenprobleme kennt fast jeder Gärtner. Manch einer muss sogar seinen Beruf deswegen aufgeben. Mit der richtigen Technik beim Heben, Tragen, Bücken und Arbeiten können wir Rückenprobleme vermindern.

Beim **Heben** spannen wir die Rückenmuskeln an und ziehen den Bauchnabel nach innen. Wir stellen uns möglichst nah an den schweren Gegenstand, gehen mit **leicht gespreizten Beinen** in die **Hocke** und heben die Last mit **geradem Rücken** an. Dabei ziehen wir sie **direkt am Körper** nach oben und setzen sie dann auf dem Oberschenkel ab. Genauso stellen wir die Last wieder ab. Dabei bewegen wir uns **nicht ruckartig**, machen kein Hohlkreuz und verdrehen die Wirbelsäule nicht seitlich. Wir brauchen dazu starke Beinmuskeln.

Wir **tragen** mit **aufrechtem Rücken**, die Rückenmuskeln gespannt, den Bauchnabel nach innen gezogen. Sehr schwere Gegenstände teilen wir auf, tragen sie zu zweit oder benutzen Hilfsmittel wie Tragegurte, Setzzangen, Schubkarren, Sackkarren, Bagger oder Ähnliches.

Abb. 22:
Wir heben mit geradem, möglichst aufrechtem Rücken.

Abb. 23:
Die Bordsteinzange schont den Rücken.

Abb. 24:
Der Gärtner mit dem blauen Hemd bückt sich falsch. Die anderen machen es richtig.

Wir **bücken** uns mit leicht gespreizten Beinen, nach vorn gekipptem Becken und **geradem Rücken**. Besser ist **in die Hocke gehen** oder **hinknien**. Da langes Knien die Kniescheiben stark belastet, wechseln wir oft die Haltung. Bei Kälte und Nässe benutzen wir **Knieschoner**.

Arbeiten mit krummem Rücken ist schlecht. **Werkzeugstiele** müssen so **lang** sein, dass wir aufrecht stehen können.

Jedes Jahr passieren viele tausend **Unfälle** im Gartenbau. Deshalb muss in jedem Betrieb und in jedem Bauwagen eine **Anleitung zur ersten Hilfe** aushängen. Jeder muss wissen, wo **Verbandkasten** und **Feuerlöscher** sind.

Wenn wir eine neue Maschine benutzen oder eine gefährliche Arbeit machen sollen, muss uns erst jemand **erklären**, wie wir richtig arbeiten, welche **Gefahren** es gibt und welche **Schutzausrüstung** wir brauchen. Die Schutzkleidung muss der Arbeitgeber zur Verfügung stellen, der Angestellte ist verpflichtet, sie bei den jeweiligen Arbeiten zu tragen. **Hin-**

Abb. 25:
Stiele müssen lang genug sein

Kopfschutz benutzen
(Schutzhelm)

Gehörschutz benutzen
(Gehörschutzkapseln
oder -stöpsel)

Augenschutz benutzen
(Schutzbrille)

Handschutz benutzen
(Schutzhandschuhe)

Fußschutz benutzen
(Sicherheitsschuhe)

Atemschutz benutzen
(Atemschutzgerät)

Schutzkleidung benutzen
(Schutzanzug)

Genaue Infos finden Sie im Internet unter: SVLFG Körperschutz B 06

Abb. 26:
Diese Gebotszeichen für Körperschutz sagen uns, dass wir die entsprechenden Körperschutzmittel benutzen müssen (nach www.svlfg.de).

weisschilder erinnern uns daran. Für Maschinen und Geräte müssen verständliche **Betriebsanleitungen** greifbar sein. Bei Arbeiten auf der Straße brauchen wir **Warnkleidung**.

Unordnung ist eine Gefahrenquelle. Geräte wie Rechen (Harke), Kultivator und Hacken dürfen wir **nicht mit den Zinken nach oben** liegen lassen. Wenn jemand auf die Zinken tritt, schnellt der Stiel mit voller Wucht nach oben.

Wer **Alkohol** trinken möchte, sollte ihn frühestens nach dem Heimweg von der Arbeit trinken, denn Alkohol macht mutig. Wir überschätzen uns leicht, unsere Reaktionen sind langsamer. Auch **Übermüdung** führt zu langsamen Reaktionen und ungenauen Bewegungen. **Große Eile** oder **zu viel Mut**, weil wir jemandem imponieren wollen, machen uns unvorsichtig. Das **Nichtbeachten von Vorschriften**, das **Benutzen defekter Maschinen**, das **Fehlen von Schutzausrüstung, fehlende Unterweisung, rutschige Schuhsohlen** sind vermeidbar, verursachen aber sehr viele Unfälle im Gartenbau.

Wenn wir an **schnell laufenden Maschinenteilen** arbeiten, sind **eng anliegende Kleidung** und bei langen Haaren **Mütze** (oder **Haarnetz**) Vorschrift. Schnell laufende Maschinenteile müssen möglichst **verkleidet** sein, z. B. die Zapfwelle am Schlepper.

Wenn wir intensiv an **Giftpflanzen** arbeiten, sollten wir lange Hosen, langärmelige Oberteile und Handschuhe anziehen (Eisenhut, Herkulesstaude). Allergiker dürfen an Pflanzen, die bei ihnen **Allergien** auslösen, nicht arbeiten.

Gefährliche Stoffe (z. B. **Pflanzenschutzmittel, Benzin** oder **Diesel**) müssen auf der Verpackung mit **Gefahrenpiktogrammen** gekennzeichnet sein. Wir müssen den Text daneben sehr aufmerksam lesen.

Abb. 27:
Die Hersteller müssen uns mit diesen Gefahrenpiktogrammen vor gefährlichen Stoffen warnen (weitere Infos finden Sie auf der GHS-Memocard „Gefahrstoffe kompakt“, die man bei der BAuA herunterladen oder zum Portopreis bestellen kann).

Dann kennen wir die Gefahren und wissen, wie wir uns davor schützen müssen. Gefährliche Stoffe müssen sicher gelagert werden. Wenn wir uns beim Tanken **Kraftstoff** über **Hose** oder **Schuhe** schütten, müssen wir diese **sofort ausziehen**.

Handgeführte motorisierte **Sichelmäher** können sehr gefährlich sein. Herausgeschleuderte **Steine** oder **Glasscherben** haben eine große Geschwindigkeit. Ganz wichtig ist also ein stabiles, **intaktes Gehäuse** mit **heruntergeklapptem Prallblech** oder Grasfang. Trotzdem können uns oder Spaziergängern beim Mähen **Steine, Äste, Blechdosen** und anderes um die Ohren fliegen. Wir müssen solche Dinge **vorher vom Rasen sammeln** und darauf achten, dass beim Mähen **niemand in unsere Nähe** kommt. Das **Messer muss festsitzen** und **rund laufen**. Es darf **nicht beschädigt** sein, da sonst eine Unwucht entstehen kann. Wenn wir das **Messer ansehen**, den Mäher **reinigen** oder **Verstopfungen beseitigen** wollen, müssen wir den **Zündkerzenstecker ziehen. Bei laufendem Motor** dürfen wir **nie unter das Gehäuse fassen**. Das **Rückwärtsziehen** von Rasenmähern ist **gefährlich**. Es sind schon Gärtner dabei gestolpert, mit dem Bein unter das Gehäuse geraten und verblutet. Deshalb gibt es inzwischen an jedem neuen Rasenmäher einen **Totmannschalter**. Wenn wir die Hand vom Schalter nehmen, bleibt das Messer sofort stehen. Das Mähen an **Böschungen** ist besonders **gefährlich**. Beim Bergaufmähen ist der Mäher über uns und kann uns überrollen. Beim Bergabmähen kann der Mäher kippen. Dann liegt das Messer frei. Also **mähen** wir **am Hang entlang**. Wenn der Mäher dann kippt, passiert uns nichts. Weder über noch unter uns am Hang dürfen sich Spaziergänger oder andere Gärtner aufhalten. Rasenmäher dürfen wir erst ab einem Alter von **15 Jahren** bedienen. Wir tragen **Gehörschutz** und **Sicherheitsschuhe**.

Bei der **Motorsense (Freischneider)** ist nicht nur das Dickichtmesser gefährlich, noch gefährlicher ist der Fadenkopf. Der Faden wickelt sich nämlich manchmal um kleine Steine, die dann plötzlich mit voller Wucht weggeschleudert werden. Am Gerät brauchen wir ein **intaktes, richtig eingestelltes Prallblech**, Tragegurte mit Schnellentrieglung und Handgriffe mit **Gashebelsperre**. Die **Scheibe** muss **intakt** sein und **fest sitzen**. Wir tragen **Augen- und Gesicht-**

schutz, Gehörschutz, Schutzhandschuhe, Sicherheitsschuhe und robuste Arbeitskleidung. Den **Sicherheitsabstand** zu anderen Personen, den der Gerätehersteller angibt, müssen wir unbedingt einhalten. Wir suchen das Gelände vorher nach gefährlichen Gegenständen ab. Personen unter 18 Jahren dürfen Freischneider mit Dickichtmesser nur in der Ausbildung und unter Aufsicht bedienen.

Abb. 28:
Spritzwassergeschützt – Elektrogeräte ohne dieses Zeichen dürfen wir im Freien nicht benutzen.

Bei Arbeiten mit der **Heckenschere** tragen wir **eng anliegende Kleidung, Schutzbrille, Schutzhandschuhe, rutschfeste Sicherheitsschuhe** und **Gehörschutz**. An steilen Böschungen brauchen wir Spikes. Hohe Hecken schneiden wir von einem sicheren Gerüst aus oder mit einer Teleskopschere. Schere und Kabel müssen **intakt** sein. Wir achten auf einen **sicheren Stand** und führen die Schere **mit beiden Händen**. Heckenscheren mit Zweihandschaltung sind sicherer. Wenn wir das Messer **berühren**, die Schere **tragen, reinigen** oder **untersuchen** wollen, **ziehen wir Netzstecker, Zündkerzenstecker** oder **betätigen** die **Verriegelung**. Akkugeräte benutzen wir nicht bei feuchter Witterung. Zweitaktgeräte betanken wir mit Einfüllstutzen und benzolreduzierten Kraftstoffen. Wir **halten Abstand** zu anderen Menschen. Bei Arbeiten mit der Heckenschere müssen wir **sehr wach** sein und uns **gut konzentrieren**, denn mit der Heckenschere passieren **sehr viele Unfälle im Gartenbau**.

Wenn **Strom** aus einem defekten Kabel oder Elektrogerät durch unseren Körper fließt, bekommen wir einen **Schlag**. Er kann **tödlich** sein. Deshalb müssen alle Kabel, die wir im Außenbereich benutzen, mit einem **Fehlerstromschutzschalter** ($\leq$ 30 mA) gesichert sein. Wir dürfen **Kabel nicht selber reparieren**. **Kabeltrommeln** müssen wir bei Gebrauch **ganz abwickeln**. **Elektrogeräte** müssen **intakt** sein und ein **dreieckiges Zeichen mit Tropfen** haben.

Freileitungen sind gefährlich, denn sie sind nicht isoliert. Beim Bäume Fällen oder bei Arbeiten mit dem Bagger müssen wir ausreichend **Sicherheitsabstand** halten oder die Leitung abschalten lassen. Vor Erdarbeiten erkundigen wir uns, wo **Leitungen im Boden** liegen. Wir dürfen nicht zu nah **heranbaggern** und müssen den Rest vorsichtig mit Hand ausheben. Das „Anbaggern“ von Starkstromkabeln oder Gasleitungen ist lebensgefährlich. Über Leitungen, die wir zuschütten, legen wir Warnbänder.

Beim Arbeiten mit handgeführten **Bodenfräsen** oder **Motorhacken** tragen wir **Sicherheitsschuhe** und evtl. Gehörschutz. Zunächst **sammeln** wir größere **Steine, Stöcke, Glasflaschen** und solche Dinge von der Fläche. Die Geräte brauchen eine **intakte Schutzvorrichtung über den Hackwerkzeugen**, die wir richtig einstellen müssen. Alle **rotierenden Teile** müssen **abgedeckt** sein. Die **Werkzeuge** müssen **intakt** sein und fest sitzen. Ein **Notausschalter** muss vorhanden sein. Wir **starten** auf einer möglichst waagerechten Fläche und schalten dabei in den **Leerlauf**. Bei der triebradlosen Motorhacke stehen wir beim Starten seitlich hinter dem Gerät. Im Rückwärtsgang müssen die Hackwerkzeuge von alleine abschalten, außer bei der triebradlosen Motorhacke, die mit den Hackwerkzeugen langsam rückwärts fahren darf. Beim **Wenden** schalten wir die **Werkzeuge aus**. Bei starkem **Gefälle** fräsen oder hacken wir **quer zum Hang** (beim Bergabfahren ist schon manches Gerät vornüber gekippt). Bei steilen Hängen sichert ein zweiter Mann das Gerät mit einem Seil. Leichte triebradlose Motorhacken springen leicht aus der Spur, deshalb halten wir ausreichend Abstand zu Pflasterflächen und Ähnlichem. **Tanken, Reinigen** und **Reparieren** dürfen wir nur bei **abgeschaltetem Motor. Beim Tanken** benutzen wir einen Einfülltrichter und **rauchen nicht**.

Erdbaumaschinen dürfen wir **in der Ausbildung unter Aufsicht ab einem Alter von 15 Jahren** fahren. Wir müssen außerdem die **Erlaubnis vom Chef** haben. Er entscheidet, ob wir **zuverlässig** und **geeignet**

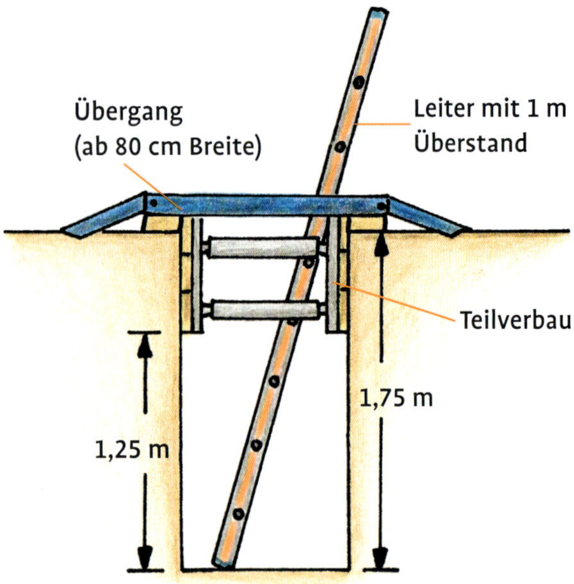

Abb. 29:
Graben mit Teilverbau (nur bei standsicherem Boden)

sind und die **Maschine sicher genug beherrschen**. Normalerweise darf man Erdbaumaschinen erst ab 18 Jahren fahren. Auf der Baustelle brauchen wir keinen Führerschein. Auf öffentlichen Straßen dürfen wir Erdbaumaschinen, die nicht schneller als 6 km/h fahren können, ohne Führerschein fahren. Für Maschinen bis 25 km/h brauchen wir den Euro-Führerschein L ohne Gewichtsbegrenzung. Mit dem Euro-Führerschein B dürfen wir Erdbaumaschinen bis zu einem zulässigen Gesamtgewicht von 3,5 t fahren. **Normalerweise darf niemand in die Nähe einer arbeitenden Erdbaumaschine kommen.** Häufig müssen jedoch Lasten angeschlagen oder gelöst werden. Jemand muss uns genau zeigen, wie man richtig anschlägt, damit die Last später nicht herunterfällt. Zum Anschlagen ziehen wir Helm, Sicherheitsschuhe und Sicherheitshandschuhe an, nehmen Kontakt mit dem Fahrer auf und bewegen uns so, dass der Fahrer uns immer sieht. Der **Aufenthalt unter schwebender Last** ist **verboten**. Wenn der Fahrer die Maschine verlässt, muss er alle Geräte auf den Boden herunterlassen und den Zündschlüssel abziehen.

Bei Arbeiten in **Gräben** gelten strenge Sicherheitsvorschriften. Wenn Erde ins Rutschen kommt, sterben darunter begrabene Menschen schnell. In Gräben gilt **Helmpflicht**. Gräben **bis 1,25 m** Tiefe brauchen keinen Verbau, aber nur, wenn der Boden ausreichend standfest ist, Maschinen nicht bis an den Rand fahren und das Gelände daneben flach genug ist. Gräben **bis 1,75 m** Tiefe brauchen entweder eine **Böschung** oder einen **Teilverbau**. Wenn ein Graben **tiefer als 1,75 m** ist, muss er **voll verbaut** werden. Je tiefer ein Graben ist, umso breiter muss er sein. Bei **mehr als 1,25 m Tiefe** betreten wir die Gräben nur mit **Leitern**. **Ab 80 cm Grabenbreite** springen wir nicht mehr über die Gräben, sondern bauen **Übergänge**. Der Baustellenleiter muss diese und noch einige andere Vorschriften streng überwachen.

Beim **Trennschleifer (Flex)** können Teile der Scheibe wegfliegen. Wir tragen **Augenschutz, Gehörschutz** und wenn es staubt einen **Atemschutz** (Klasse P2). **Lange Haare** binden wir zusammen. Wir tragen eng anliegende Kleidung. Wir wählen die **richtige Trennscheibe**. Die Diamantscheibe ist gut für Stein und Beton, nicht für Metalle. Wir müssen sie unbedingt in der **richtigen Drehrichtung** einbauen. Beim **Scheibenwechsel ziehen** wir den **Stecker**. Das Gerät darf nicht schneller drehen als die **Höchstdrehzahl**, für die die Scheibe geeignet ist. Die **Schutzhaube** muss so angebracht sein, dass die geschlossene Seite zu uns zeigt. Wir sorgen dafür, dass sich **niemand im Gefahrenbereich** befindet. Wenn wir **sicher stehen** und **überprüft** haben, ob die **Flex** und die **Scheibe intakt** sind, dürfen wir starten. Wir halten die Flex immer **mit beiden Händen** und **ziehen** sie über das Werkstück oder **bewegen** sie **leicht hin und her**. Wir dürfen sie **nicht hineindrücken** und **auf keinen Fall verkanten**, sonst zerbricht die Scheibe. Die wegfliegenden Splitter erzeugen schwere Verletzungen.

Die **Motorsäge** verursacht sehr häufig schwere Unfälle im Gartenbau. Sie ist ein **Gerät für Profis**. Profi wird man, indem man den sachgemäßen Umgang mit der Motorsäge in Kursen oder in der Ausbildung ausführlich lernt. Vorher sollte man nicht mit der Motorsäge arbeiten.

D Werkstoffe

1 Sand, Kies, Splitt und Schotter

Landschaftsgärtner nennen diese Materialien oft **Schüttgüter**. Aus Flüssen und Baggerseen fördert man **Natursande** und **Kiese**. Sie sind vom Wasser **rundlich und glatt** geschliffen. In Steinbrüchen gewinnt man Gesteinsbrocken. Man zerkleinert sie in großen Mühlen auf die Größe von **Schotter, Splitt** oder **Brechsand**. Durch das Brechen sind diese Mineralien **kantig**. In der Tabelle ist die traditionelle Größeneinteilung angegeben, die im deutschen Sprachgebrauch üblich ist.

Die europäischen Richtlinien unterscheiden andere **Korngrößen**. Es gibt **feine Gesteinskörnungen** (0 bis maximal 4 mm, z. B. 0/2, 0/4), **grobe Gesteinskörnungen** (über 2 mm bis mindestens 4 mm und größer, ohne Feinanteile, z. B. 2/5, 8/32) und **Korngemische** (alle Korngrößen von 0 mm bis zu einer angegebenen Größe, z. B. 0/8, 0/32).

Die Firmen, die die Baustoffe liefern, kennen für jeden **Verwendungszweck** die **richtige Korngrößenzusammensetzung**. Wo Wasser versickern soll, dürfen zum Beispiel nicht zu viele Feinanteile im

Tabelle 1: Schüttgüter

Ungebrochene Mineralien	Gebrochene Mineralien
	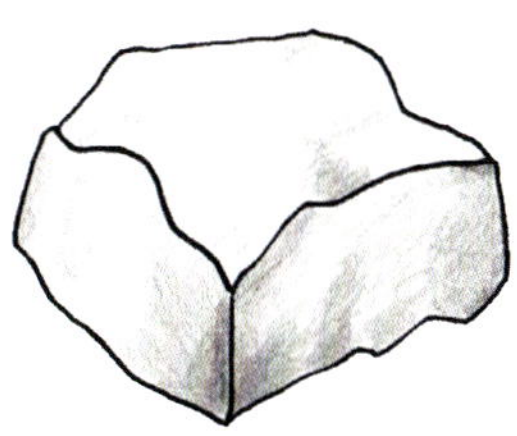
Natursand 0–2 mm	Brechsand 0–2 mm
Kies 2–63 mm	Splitt 2–32 mm
	Schotter 32–63 mm

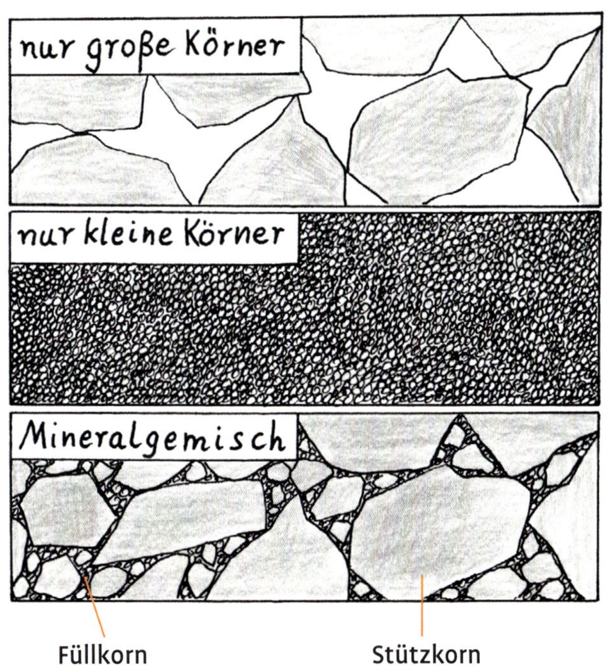

Abb. 30:
Schotter, Sand und tragfähiges Mineralgemisch

Gemisch sein, damit später kleine Hohlräume bestehen bleiben. Gemische zum Verdichten müssen verschiedene Korngrößen enthalten.

Beim **Verdichten** verschwinden die meisten Hohlräume. Die Körner verkeilen sich ineinander. Dadurch entsteht eine **hohe Stabilität und Belastbarkeit** der eingebauten Schicht. **Brechsand, Splitt und Schotter** verkeilen sich durch die **kantige** Form besser als Sand und Kies. Deshalb muss eine Schicht aus Kies-Sand-Gemisch dicker sein, als eine Schicht aus gebrochenem Material, wenn sie genauso stabil werden soll.

Sind in der Tragschicht eines Weges zu viele große Körner, bleiben große Hohlräume erhalten. Später „setzt" sich der Weg. Er wird uneben. Sind zu viele kleine Körner da, hat der Weg wenig Tragfähigkeit. Schwere Fahrzeuge sinken ein. Ein Gemisch aus verschieden großen Körnern hat weder große Hohlräume noch lässt es sich eindrücken. **Große Körner** nennt man deshalb **Stützkorn**. **Kleine Körner** heißen **Füllkorn** (Abb. 30).

2 Beton

Beton ist ein **künstliches Gestein**. Beton besteht aus Zement, Wasser und Gesteinskörnungen (Zuschlägen).

Gesteinskörnungen sind der Hauptbestandteil des Betons. Wir verwenden nur **gewaschenes Material**. Erde oder Laub gehören nicht in den Beton, denn sie verschlechtern die Festigkeit und Haltbarkeit.

Zement wird aus Kalkstein und Ton hergestellt. Beides wird vermischt, gemahlen und auf etwa 1450 °C erhitzt. Es entsteht ein hartes künstliches Gestein (Zementklinker), das dann wieder fein gemahlen wird. Zement müssen wir **trocken lagern** und sollten ihn **innerhalb von ein bis zwei Monaten verbrauchen**. Er darf **nicht in Augen** oder Lunge geraten, häufigen **Kontakt mit der Haut vermeiden** wir (Fettcreme, Schutzkleidung).

Das **Wasser** muss sauber sein. Es verbindet sich mit dem Zement zu **Zementleim**. Zementleim wirkt wie Klebstoff. Nach einer Stunde wird er allmählich fest. Man sagt auch, „der Beton bindet ab". Nach einigen Tagen ist er schon sehr hart, nach 28 Tagen hat er seine Normfestigkeit.

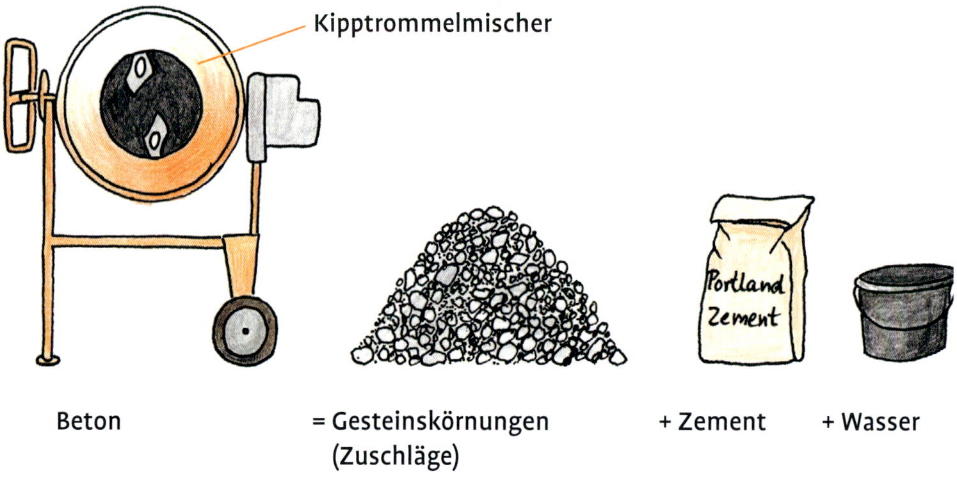

Abb. 31:
So entsteht Beton.

Bei warmem Wetter muss der Beton innerhalb einer **halben Stunde** eingebaut sein. Bei kaltem Wetter hat man **eine Stunde** Zeit. Bei einer Temperatur **unter +5 °C** ist es zu kalt zum Betonieren, denn frischer Beton soll zum optimalen Aushärten in den ersten 3 Tagen nicht unter 10 °C abkühlen.

Baustellenbeton wird auf der Baustelle gemischt. **Transportbeton** wird im Betonwerk gemischt und fertig auf die Baustelle geliefert. Je nach Bedarf kann man Betonmischungen mit unterschiedlicher Körnung, Festigkeit und Konsistenz bestellen. C 12/15 oder C 20/25 sind zum Beispiel gebräuchliche Festigkeitsklassen. Je größer die Zahlen hinter dem C, desto härter ist der Beton.

Beton, der dort erhärtet, wo man ihn einbaut, nennt man Ortbeton.

Vor dem Beton mischen oder der Lieferung muss die Baustelle **fertig vorbereitet** sein. **Löcher oder Gräben** für Fundamente müssen ausgehoben sein. **Schalungen** müssen fertig sein. Schalbretter aus Holz müssen wir **anfeuchten**, damit die trockenen Bretter nicht das Wasser aus dem Beton ziehen.

Wie mischt man Beton?
Winzige Mengen mischen wir im Eimer. Kleine Mengen können wir in der Schubkarre oder auf einer sauberen Plane mischen. Wir vermischen **zuerst Gesteinskörnungen und Zement**. Dann schütten wir **nach und nach sauberes Wasser** dazu. Für größere Mengen brauchen wir einen **Betonmischer**. Der Kipptrommelmischer muss etwa **eine Minute** laufen, bis alles gut vermischt ist.

Die **Zementmenge** richtet sich danach, wie belastbar der Beton später sein soll. **Je mehr Zement** wir zugeben, **desto fester** wird der Beton. Ein Fachmann rechnet aus, wie viel Zement genau in den Beton gehört. Dabei berücksichtigt er:

- wie hart der Beton später sein soll,
- die Korngrößenzusammensetzung und Menge der Gesteinskörnungen,
- die Zementsorte,
- die Wassermenge.

Wenn wir auf der Baustelle mischen, **zählen** wir die **Schaufeln**. Wir sollen zum Beispiel auf eine Schaufel Zement drei Schaufeln Zuschläge nehmen. Die **Schaufelmengen** müssen dabei **immer gleich groß** sein, damit das Verhältnis stimmt.

Die **Wassermenge** richtet sich danach, wie flüssig der Beton sein soll. Je mehr Wasser wir zugeben wollen, desto mehr Zement müssen wir in der Mischung haben.

Für einen **sehr steifen** Beton nehmen wir wenig Wasser. Der Zement muss sich aber auf jeden Fall überall dunkel färben. Er bleibt so trocken, dass er **Krümel** bildet. Wir bauen ihn in dünnen Lagen ein und verdichten gut.

Für einen **plastischen** Beton brauchen wir mehr Wasser, bis ein **fester Brei** entsteht. Wenn wir mit der Schaufel mehrmals leicht auf den Beton schlagen, bildet sich eine **glänzende Fläche**. Dann ist genug Wasser im Beton.

Wenn wir **fließfähigen** Beton brauchen, weil er zum Beispiel zwischen Stahlteilen hindurch fließen muss, geben wir **mehr Wasser** zu. Pro Liter Wasser müssen wir vorher etwa 2,5 kg **Zement zusätzlich** zumischen.

Wenn wir **zu viel Wasser** zugeben, verdunstet das überschüssige Wasser aus dem Beton heraus. Dabei hinterlässt es kleine **Poren**. Der Beton ist dann von Anfang an durchlöchert und nicht so stabil.

Beim Einbau **verdichten** wir den Beton. Alle Luft muss heraus. Bleiben Hohlräume, hat der Beton weniger Festigkeit. Außerdem kann Wasser eindringen, das beim Gefrieren den Beton sprengt. Wir müssen den Beton unbedingt vor dem Beginn des Erhärtens verdichten.

Ganz frischen Beton **schützen** wir **vor Regen**, damit der Zementleim nicht ausgewaschen wird. Dann braucht der Beton **8–10 Tage Ruhe**. Wir dürfen nicht darauf herumlaufen oder betonierte Teile erschüttern. Der Beton darf **nicht austrocknen**, deshalb

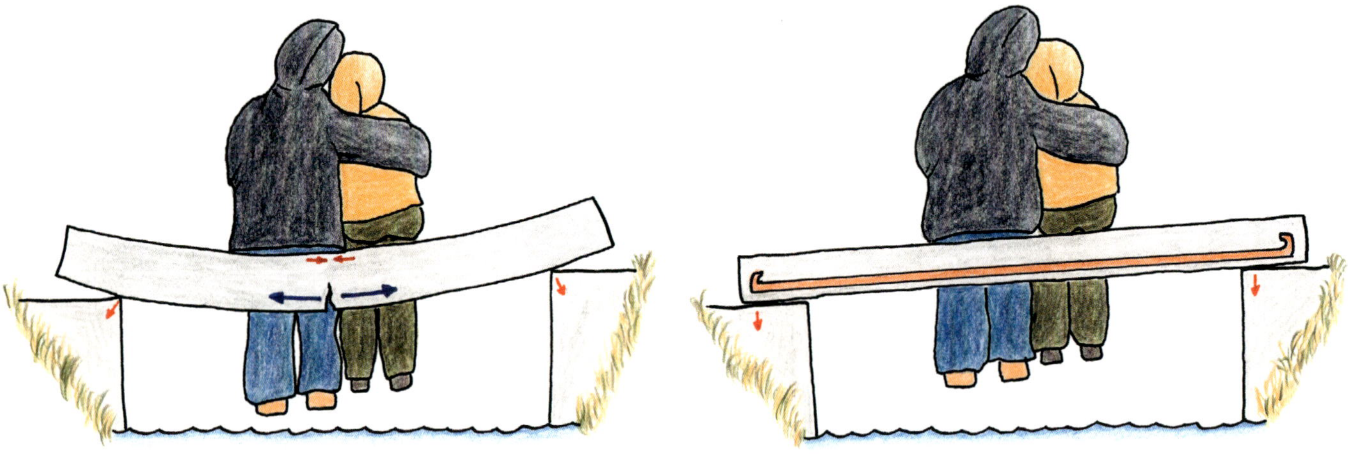

Abb. 32:
Zug- und Druckkräfte im Beton

decken wir ihn bei heißem Wetter mit feuchten Matten oder Folie ab. Wir können ihn auch mit Wasser besprühen. Das Wasser soll dieselbe Temperatur haben, wie der Beton. Je langsamer der Beton abbindet, desto fester wird er. Wenn in den ersten drei Tagen nach dem Betonieren Frostgefahr besteht, müssen wir den Beton **vor Kälte schützen**. Temperaturen über 25 °C sind auch schlecht. Dann müssen wir den Beton kühlen und **vor Hitze schützen**.

Druckkräfte hält Beton gut aus, bei **Zugkräften** reißt er leicht. Wenn das Bauteil Zugkräfte aushalten soll, muss man **Stahlmatten** oder **Stahlstangen** mit einbauen. Stahl ist zäh und hält Zugkräfte aus.

Beton mit Stahleinlagen nennt man **bewehrten** Beton oder Stahlbeton. Die Stahleinlagen heißen **Bewehrung oder Armierung**. Beton ohne Stahleinlagen nennt man **unbewehrten** Beton. Wenn der Stahl gut im Beton verpackt ist, rostet er nicht. Wenn er aus dem Beton ragt oder wenn der Beton tiefe Risse hat, rostet er. Das ist ein Mangel, der bei der Abnahme beanstandet werden kann.

Nach dem Betonieren reinigen wir alle Geräte, Werkzeuge, Gefäße, Schuhe und so weiter, denn gehärteter Beton lässt sich kaum noch entfernen.

3 Betonbauteile

In Betonwerken stellt man Pflastersteine, Platten, Rasengittersteine, Bordsteine, Entwässerungsrinnen, Treppenstufen, Pflanzkübel und viele andere Betonbauteile her. Sie sind **preiswerter** als Gegenstände aus Naturstein. Oft ist in der Nähe ein Betonwerk, sodass die **Transportkosten gering** bleiben. Betonteile können **fast jede gewünschte Form** haben. Mit Farbstoffen bekommt man **farbigen Beton**.

Die Oberfläche der **Schalung** überträgt sich auf die **Betonoberfläche**. So kann man Holz oder Naturstein **nachbilden**. **Vorsatzbeton** entsteht, wenn man eine Schicht dünnflüssigen Beton mit schmückenden Natursteinkörnungen in die Form füllt und dann normalen Beton hinterherpresst. **Gewaschene Oberflächen** entstehen, wenn man an der Oberfläche des Vorsatzbetons das Erstarren des Zementleimes verzögert und die Oberfläche später mit Wasser und Hochdruck bearbeitet.

Fertige Betonoberflächen kann man **schleifen** oder **strahlen**. Pflastersteine, die rustikal aussehen sollen, werden **getrommelt** (gerumpelt, gekollert). In einer großen Trommel platzen dabei die Kanten unregelmäßig ab. Manche Oberflächen bekommen eine Beschichtung als **Oberflächenschutz**. Dann bleiben Kaugummis und Farbe nicht so leicht kleben.

Abb. 33:
Farbiger Beton

Abb. 34 a – d:
Je nach Herstellung entstehen verschiedene Oberflächen.

a) Holznachbildung

b) Natursteinnachbildung

c) Vorsatzbeton

d) Waschbeton

Abb. 35 a – c:
Nachbehandelte Oberflächen.

a) Geschliffen

b) Gestrahlt

c) Gekollert

4 Naturstein

Meist werden Natursteine fertig behauen angeliefert, sodass wir sie nur setzen. Mit Fäustel, Setzeisen, Meißel oder Säge können wir falls nötig nacharbeiten (Schutzbrille aufsetzen).

Hartgestein ist schwer zu bearbeiten. Es ist **stabil** und eignet sich deshalb gut für Straßenbeläge, Kantensteine oder Blockstufen.

Granit ist sehr hart, hat eine raue Oberfläche und ist relativ grobkörnig. Es gibt ihn in den verschiedensten Farben.

Basalt ist blauschwarz, glänzend und sehr feinkörnig.

Porphyr ist meist rötlich, feinkörniger als Granit und hat eine glatte und eine raue Seite. Die glatte Seite muss nach oben.

Gneis bezeichnet man auch als schiefrigen Granit, denn er ist aus demselben Material wie Granit, aber er spaltet in Platten. Oft ist er gebändert.

Quarzit ist unter hohem Druck und Hitze aus Sandstein entstanden. Er ist eher feinkörnig, kann unterschiedliche Farben haben und spaltet in Platten.

Abb. 36 a – f:
Verschiedene Hartgesteine.

a) Granit

b) Basalt (eingebaut als Palisaden)

c) Basaltlieferung

d) Porphyr

e) Gneis

Weichgestein ist „leicht" zu bearbeiten. Es eignet sich für Mauern, Stufen, Platten oder Skulpturen.

Sandstein ist aus Sandablagerungen entstanden. Oft sieht man noch die Sandschichten im Stein. Er kann verschiedene Farben haben. Einige Sandsteinsorten sind so hart, dass man sie früher im Wegebau verwendet hat, andere sind weicher. Manche Sandsteinsorten sind zu weich für Außenanlagen.

Kalkstein ist meist weiß, weißgrau oder weißgelb. Er ist sehr feinkörnig und kann Fossilien enthalten. Manchmal ist er durchlöchert, weil Teile des Steins schneller verwittert sind.

f) Quarzit

Abb. 37 a – b:
Verschiedene Weichgesteine.

a) Sandstein

b) Kalkstein

5 Eisenwerkstoffe

Wenn man gereinigtes, flüssiges Roheisen in Formen gießt, entsteht **Gusseisen**. Es hat auf der Oberfläche eine Gusshaut, die vor Rost schützt. Man kann Gusseisen nicht schmieden oder kalt verformen, denn es ist spröde und würde brechen. Man gießt **Gullydeckel, Baumscheibenabdeckungen** oder **Motorblöcke** daraus. Neue Gusseisenteile rosten, werden aber bald dunkel und rosten nicht mehr.

Roheisen enthält neben Eisen auch andere Stoffe. Wenn man den Eisengehalt des Roheisens weiter erhöht, entsteht **Stahl**. Stahl ist zäh. Man kann ihn walzen, schmieden und schweißen. Je nach Herstellung ist er **unterschiedlich hart**. Ein Bohrer ist sehr hart, Draht ist weich und biegsam. Folgende Dinge sind meistens aus Stahl: Nagel, Draht, Maschendrahtzaun; auch Werkzeuge wie Spaten, Schere und Messer.

Stahl rostet so lange, bis er völlig zerstört ist. Was kann man dagegen tun?

- Man kann Stahl mit anderen Metallen (Chrom, Vanadium) mischen. So hat man **nicht rostenden Stahl** entwickelt. Essbesteck ist zum Beispiel aus nicht rostendem Stahl. Es gibt auch Treppengeländer, Stahlgitter, Tore, Werkzeuge und Schrauben aus nicht rostendem Stahl. Aber Vorsicht! Nicht rostender Stahl **rostet, wenn er mit anderen Metallen in Berührung kommt**. Das kann bereits bei der Lagerung passieren. Nicht rostende Stahlteile müssen wir mit nicht rostenden Schrauben verschrauben.
- Man überzieht Stahlteile in einem 450 °C heißen Zinkbad mit einer Zinkschicht. Das nennt man **Feuerverzinkung**. Man erkennt feuerverzinkte Stahlteile am **„Eisblumenmuster"**. Solange die Zinkschicht intakt ist, rostet der Stahl nicht.
- Man kann Stahl **streichen** (2x Grundierung, mehrmals Lack). Wichtig ist, dass man den Stahl mit Drahtbürste und Sandpapier vor dem Streichen vollkommen entrostet und entfettet. Sonst rostet der Stahl unter der Farbe weiter. Das passiert oft.
- Unbehandelte Stahlteile rosten nicht so leicht, wenn man sie **trocken** aufbewahrt und **einölt** (Schaufel, Spaten, Säge ...).

Abb. 38 (links): Rost an nicht rostendem Stahlteil durch falsche Schrauben

Abb. 39 (rechts): Eisblumenmuster an einem feuerverzinkten Gartenzaun

6 Holz

Abb. 40:
Das untere Brett ist feucht geworden und hat sich verzogen.

Was muss man beachten, wenn man Holz verbaut?

- **Holz schwindet.** Frisch geschlagenes Holz ist nass. Nach dem Schlagen verdunstet das Wasser daraus. Dadurch wird das Holz schmaler. Ein 20 cm breites Brett ist später zum Beispiel nur noch 18 cm breit. Die Länge ändert sich kaum. Wir verbauen am besten nur abgelagertes oder halbtrockenes Holz.
- **Holz kann sich verziehen.** Bretter und Balken können beim Trocknen krumm werden oder sich verdrehen.
- **Holz arbeitet.** Bei trockenem Wetter zieht es sich zusammen, es wird kleiner. Bei feuchtem Wetter dehnt es sich aus, es wird größer. Beim Arbeiten bekommt das Holz leicht Risse. Das Holz muss genug Platz zum Arbeiten haben, wenn wir es trocken einbauen.
- **Holz verwittert.** Unter dem Einfluss von Regen und Sonne verändert sich die Holzoberfläche. Sie wird grau. Im Laufe der Zeit wird feuchtes Holz morsch, Pilze, Bakterien und manchmal auch Insekten zersetzen es.
  Holz mit weiten Jahresringen verwittert schneller als Holz mit engen Jahresringen. Das helle Splintholz außen am Stamm verrottet schneller als das dunkle Kernholz aus dem Inneren des Stammes. Verschiedene Holzarten verwittern unterschiedlich schnell.

Wir können etwas gegen die Verwitterung tun:

- Wir verbauen im Freiland **Holzarten**, die **langsam verwittern**.
- Wir **verbauen** Holz **so, dass es trocken bleibt** oder schnell abtrocknen kann. Es darf zum Beispiel nicht dauernd mit dem nassen Boden in Berührung kommen. Wasser sollte nicht darauf stehen bleiben (konstruktiver Holzschutz).
- Wir bauen Holz so ein, dass **Risse** möglichst **nach unten** zeigen.
- Wir können eine **Lasur** streichen. Lasuren dringen in die oberste Holzschicht ein und bilden eine dünne Schutzschicht auf dem Holz, sodass Regenwasser abperlt, Wasserdampf aber hindurch

Tabelle 2: Verwitterung der Holzarten

Holzart	Verwitterung	Bemerkungen
Fichte	sehr schnell	leicht zu bearbeiten, wird am häufigsten verwendet
Kiefer	schnell	wie Fichte, aber etwas härter
Lärche	mittel	splittert leicht, sehr viel Harz
Eiche	langsam	sehr hart und schwer
Robinie	sehr langsam	sehr hart, schwer und zäh, schwer zu bearbeiten

a)

b)

c)

Abb. 41 a – c:
Konstruktiver Holzschutz:
a) Holz darf nicht auf dem Boden stehen.
b) Ein Dach schützt den Zaunpfosten.
c) Die Zaunlatten sind abgeschrägt, damit das Wasser abläuft.

kann. Die Holzmaserung scheint durch eine Lasur hindurch. Eine Lasur verwittert im Laufe der Zeit und muss deshalb alle 2–3 Jahre nachgestrichen werden.

- Wir können **Holzschutzmittel** verwenden. Holzschutzmittel töten Pilze und Insekten, die das Holz zersetzen wollen. Sie sind auch für Menschen **giftig**.
- **Kesseldruckimprägniertes** Holz wird im Sägewerk in einem großen Kessel unter hohem Druck mit Holzschutzmitteln behandelt. Das Holzschutzmittel dringt tief ins Holz ein. Wenn wir kesseldruckimprägnierte Hölzer sägen, wird unbehandeltes Holz frei, das leicht verrottet. Wir **sägen** die Holzteile deshalb **vor dem Imprägnieren**.
- **Thermoholz** wird mehrere Stunden stark erhitzt. Danach arbeitet es nicht mehr und ist widerstandsfähiger gegen Pilze.

7 Kunststoff

Kunststoffe werden hauptsächlich aus Erdöl hergestellt. Man kann sie in die verschiedensten Formen pressen. Kunststoffe sind leicht, preiswert, pflegeleicht, säurefest und die meisten verwittern kaum. Man kann sie sägen, bohren, schrauben und nageln. Ein tolles Material also – aber: viele Kunststoffe werden im UV-Licht mit der Zeit spröde, verfärben sich und brechen dann leicht. Die Herstellung braucht viel Energie und bei der Entsorgung entstehen Müllberge.

Häufig verwendete Kunststoffe sind

- Polyethylen = PE (Folien, Eimer, Fertigteiche),
- Polypropylen = PP (Kunstrasen, Gartenmöbel),
- Polyvinylchlorid = PVC (Abflussrohre, Schläuche, Teichfolie),
- Polycarbonat = PC (schlagfest, z. B. für Schutzhelme).

Rohstoffe kann man einsparen, wenn man Bänke, Rohre oder Pflanzkübel aus Recyclingkunststoff verwendet.

E Maschinen und Geräte

1 Motoren

Zweitaktmotoren arbeiten in **zwei Arbeitsschritten** (Takten). Sie sind **leicht**, klein, laut und brauchen viel Treibstoff. Man findet sie in Freischneidern, Motorsägen, Laubsaugern und Rasenmähern. Man kann sie drehen und wenden, wie man will. Sie laufen trotzdem.

Viertaktmotoren arbeiten in **vier Arbeitsschritten** (Takten). Viertaktmotoren sind komplizierter und **schwerer** gebaut als Zweitaktmotoren. Dafür sind sie leiser und verbrauchen nicht so viel Benzin und Öl. Sie stinken auch nicht so. Man findet sie in Autos, LKWs, Schleppern und Rasenmähern. Sie vertragen es nicht, wenn man sie auf den Kopf stellt.

In allen Motoren wird ein zündfähiges Kraftstoff-Luft-Gemisch erzeugt. Durch den Sauerstoff der Luft verbrennt der Kraftstoff und setzt Energie frei.

Der Viertakt-Ottomotor

Wir tanken **Benzin** und kontrollieren regelmäßig den **Ölstand**.

Die **blau** gezeichneten Teile bilden das **Motorgehäuse**. Sie **bewegen sich nicht**. Im **Zylinder** saust der Kolben rauf und runter. Oben auf dem Zylinder sitzt der **Zylinderkopf**. Im **Kurbelgehäuse** dreht sich die Kurbelwelle und ganz unten ist die **Ölwanne** mit dem Öl (Abb. 42).

Die **rot** gezeichneten Teile **bewegen sich**. Im Verbrennungsraum explodiert regelmäßig ein Benzin-Luft-Gemisch. Der **Kolben** wird dadurch heftig nach unten gepresst. Er drückt dabei die **Pleuelstange** nach unten und diese dreht die **Kurbelwelle**. Durch die Weiterdrehung der Kurbelwelle wird der Kolben anschließend wieder nach oben gedrückt.

Die **grün** gezeichneten Teile **steuern den Motor**. Die **Nockenwelle** dreht sich und öffnet und schließt dabei die Ventile. Durch das **Einlassventil** kommt das Benzin-Luft-Gemisch in den Motor. Durch das **Auslassventil** wird das Abgas nach draußen befördert.

1. Takt = **Ansaugen**. Der Kolben saugt das Benzin-Luft-Gemisch vom Vergaser in den Zylinder.
2. Takt = **Verdichten**. Der Kolben presst das Gasgemisch zusammen.
3. Takt = **Arbeiten**. Die **Zündkerze** erzeugt einen **Funken**. Das Gasgemisch explodiert. Der Kolben wird heftig nach unten gestoßen.
4. Takt = **Ausstoßen**. Der Kolben drückt die Abgase aus dem Zylinder.

Abb. 42:
Viertakt-Motor

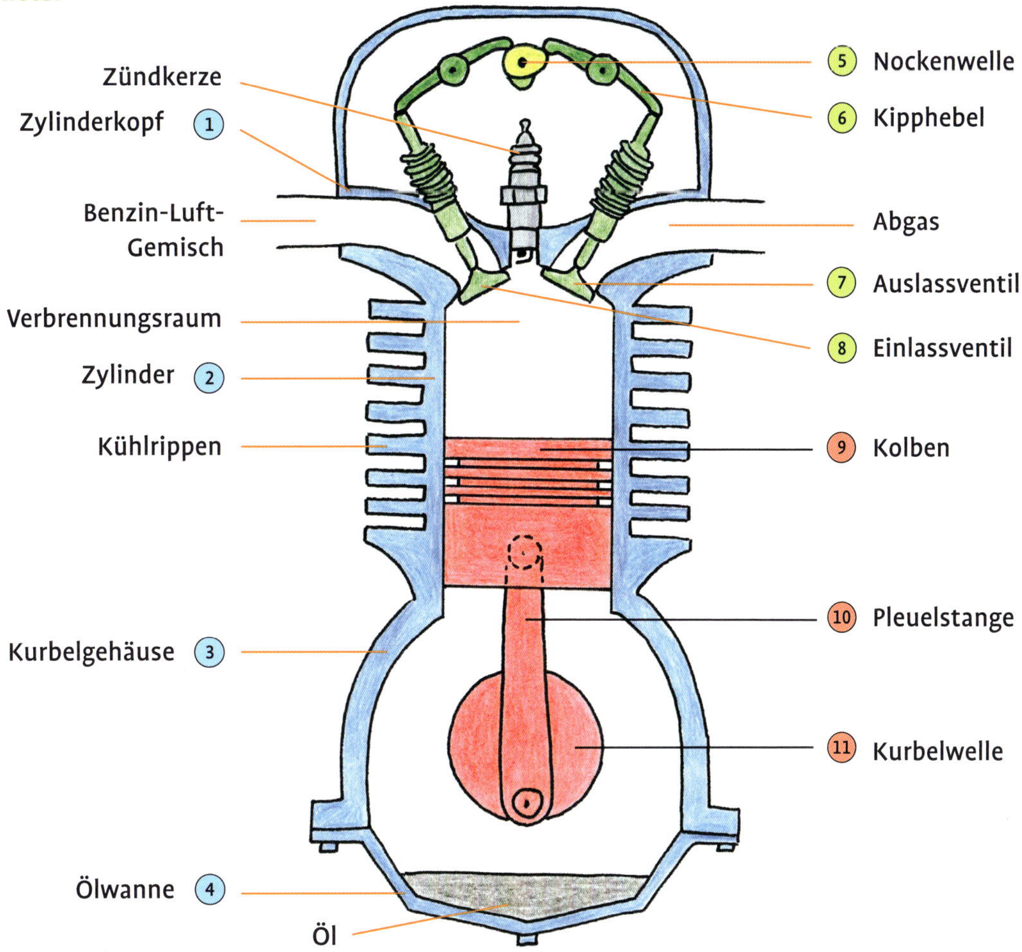

Abb. 43:
Die vier Takte

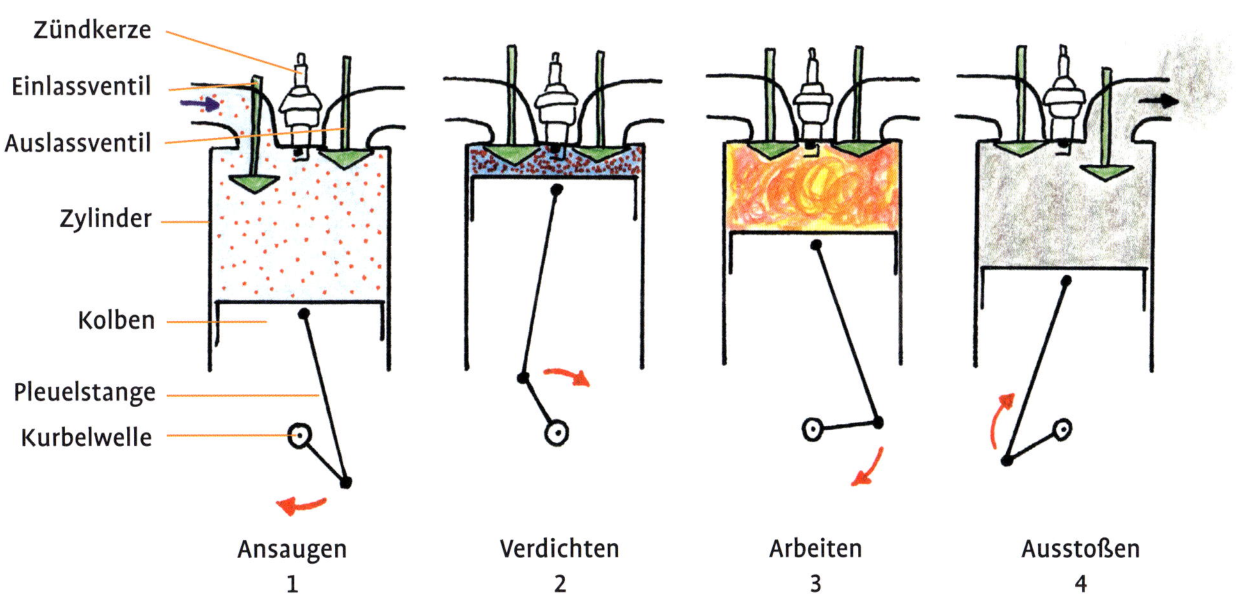

Der Zweitakt-Ottomotor

Wir tanken **Benzin-Öl-Gemische**. 1:25 bedeutet zum Beispiel: ein Teil Öl vermischt mit 25 Teilen Benzin. Zweitakter haben keine Ölwanne und **keinen Ölmessstab**. Das Öl im Gemisch schmiert den Motor.

Die **rot** gezeichneten Teile Kolben, Pleuelstange und Kurbelwelle bewegen sich. Das **Benzin-Öl-Luft-Gemisch explodiert jedes Mal, wenn der Kolben oben ist**.

Die **blau** gezeichneten Teile sind fest und bewegen sich nicht. Es gibt **keine Ventile**. Der Kolben öffnet und schließt den **Einlass- und Auslasskanal**. Neu ist der **Überströmkanal**.

1. Takt = **Ansaugen und Verdichten**: Der Kolben saust nach oben und verdichtet das Gemisch. Gleichzeitig strömt das Benzin-Öl-Luft-Gemisch ins Kurbelgehäuse.
2. Takt = **Arbeiten und Ausstoßen**: Die Zündkerze zündet das Gemisch. Es explodiert und presst den Kolben nach unten. Wenn der Kolben unten ist, öffnen sich Auslasskanal und Überströmkanal. Neues Gemisch strömt im Überströmkanal aus dem Kurbelgehäuse in den Zylinder. Dabei presst es die Abgase aus dem Auslasskanal.

Abb. 44:
Zweitakt-Ottomotor

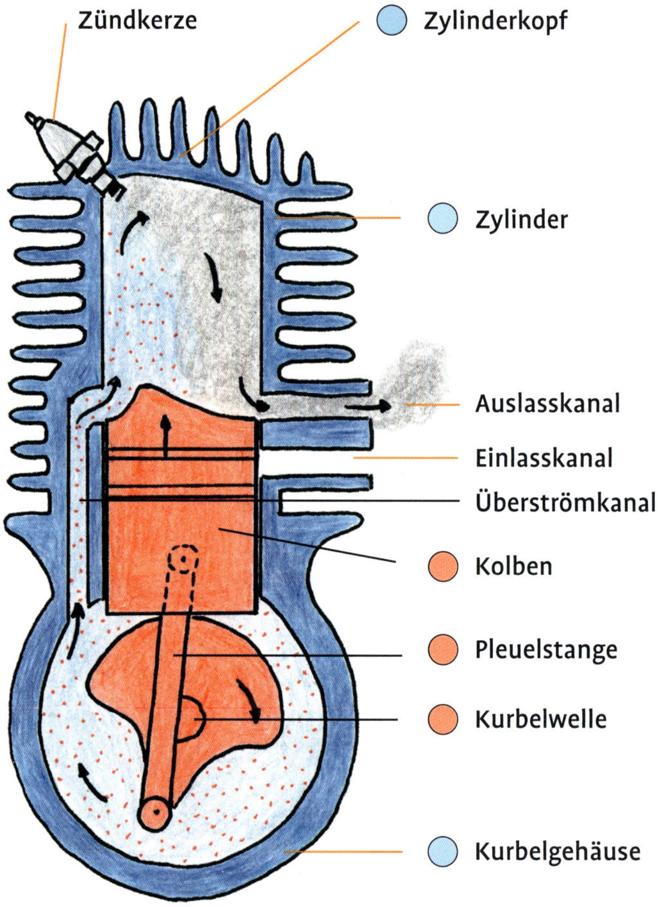

Abb. 45:
Die zwei Takte

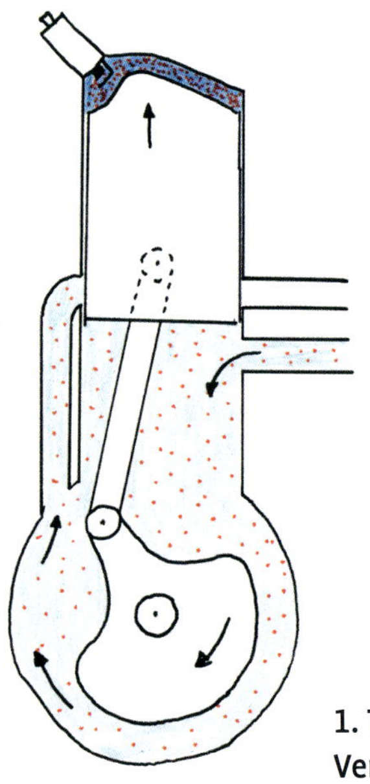

1. Takt
Verdichten und Ansaugen

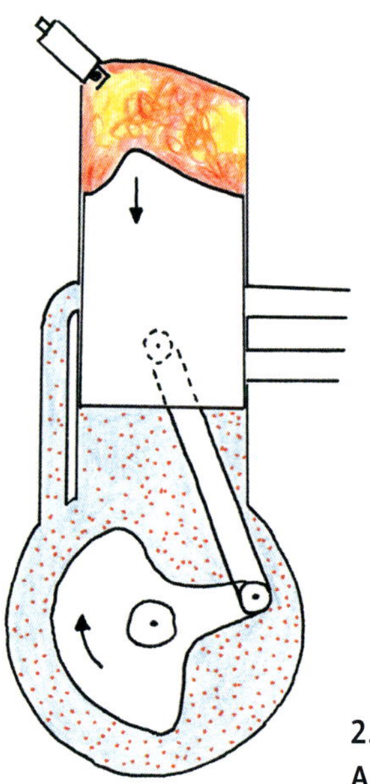

2. Takt
Arbeiten und Ausstoßen

Der Viertakt-Dieselmotor

Wir tanken Diesel und kontrollieren regelmäßig den Ölstand. Dieselmotoren haben bei niedriger Drehzahl **viel Kraft**. Sie sind **schwer** und halten lange. Dieselmotoren haben **keine Zündkerze**, sondern eine Glühkerze. Eine **Glühkerze** braucht man, um den kalten Motor vorzuwärmen **(vorglühen)**, bevor man startet. Wenn der Motor warm ist, entzündet sich das Diesel-Luft-Gemisch von selbst (Selbstzünder).

Diesel und Luft werden nicht im Vergaser gemischt, wie beim Ottomotor. Der **Kolben saugt reine Luft in den Zylinder** und verdichtet sie sehr stark. Die Luft wird dabei sehr heiß **(900 °C)**. In diese heiße Luft wird mit einer **Einspritzpumpe Diesel** gespritzt, der einen Augenblick später explodiert.

Was müssen wir beim Umgang mit Verbrennungsmotoren beachten?

Auspuffgase sind giftig. Benzin- und Dieselmotoren dürfen nicht in geschlossenen Räumen laufen. Bei Reparaturen oder Arbeiten am Gerät müssen wir Zündschlüssel oder Zündkerzenstecker ziehen.

Tanken

- **Benzin explodiert leicht. Rauchen** oder **offene Flammen** beim Tanken sind **lebensgefährlich**.
- **Benzindämpfe sind giftig**. Tanken nur im Freien.
- **Motor** vor dem Tanken **ausstellen**.
- **Ein Tropfen Diesel verseucht 1000 Liter Grundwasser**. Der Diesel muss also unbedingt in den Tank gefüllt werden und nicht daneben. Auch Benzin sollte nur in den Tank gefüllt werden, da Benzindämpfe leicht explodieren.

Ölstandskontrolle beim Viertakter (Erdbaugeräte, Fräse, Rasenmäher):

- **Bei kaltem Motor** messen,
- Gerät **waagerecht** stellen und rund um die Ölfüllöffnung reinigen,
- **Öl-Messstab** herausdrehen und mit einem sauberen Tuch abwischen,
- wieder einsetzen und festschrauben, herausdrehen und Ölstand überprüfen,
- bei Bedarf langsam **geeignetes Öl** nachfüllen. Vorsicht, nicht zu viel Öl einfüllen. Die Kurbelwelle schlägt das Öl sonst zu Ölschaum (ähnlich wie Schlagsahne). Ölschaum schmiert nicht. Der Motor geht kaputt.

Bei Viertaktern führen wir in regelmäßigen Abständen einen **Ölwechsel** durch. Wann das nötig ist und wie es gemacht wird, steht in der jeweiligen Bedienungsanleitung. **Altöl** gehört **nicht in den Abfluss** und darf **nicht in den Boden** gelangen. Es muss an der Tankstelle entsorgt werden. Außerdem überprüfen und **reinigen** wir die **Luftfilter** regelmäßig. Bei luftgekühlten Motoren müssen die **Kühlrippen sauber** sein, damit sie richtig kühlen können.

Ottokraftstoff (enthält: Benzin, Benzol 0,1 – 1,0 %)

Flüssigkeit und Dampf extrem entzündbar. Kann bei Verschlucken und Eindringen in die Atemwege tödlich sein. Verursacht Hautreizungen. Kann Schläfrigkeit und Benommenheit verursachen. Kann genetische Defekte verursachen. Kann Krebs erzeugen. Kann vermutlich die Fruchtbarkeit beeinträchtigen oder das Kind im Mutterleib schädigen. Giftig für Wasserorganismen, mit langfristiger Wirkung.

Nicht in Hände von Kindern gelangen lassen. Vor Gebrauch besondere Anweisungen einholen. Von Hitze, Funken, offener Flamme, heißen Oberflächen und anderen Zündquellen fernhalten. Nicht rauchen. Schutzhandschuhe/Schutzkleidung/Augenschutz/Gesichtsschutz tragen.

BEI VERSCHLUCKEN: Sofort GIFTINFORMATIONSZENTRUM **(0228 19240)** oder Arzt anrufen. **KEIN** Erbrechen herbeiführen. Einatmen von Dampf vermeiden. An einem gut belüfteten Ort aufbewahren. Geeignete Behälter dicht verschlossen halten.

Nicht zu Reinigungszwecken verwenden! Gemisch 1: ....

Abb. 46:
Gefahren- und Sicherheitshinweise für Benzin (Beispiel).

Dieselkraftstoff (Fuels, Diesel)

Flüssigkeit und Dampf entzündbar. Kann bei Verschlucken und Eindringen in die Atemwege tödlich sein. Verursacht Hautreizungen. Gesundheitsschädlich bei Einatmen. Kann vermutlich Krebs erzeugen. Kann die Organe schädigen bei längerer oder wiederholter Exposition. Giftig für Wasserorganismen, mit langfristiger Wirkung.

Nicht in Hände von Kindern gelangen lassen. Von Hitze, heißen Oberflächen, Funken, offenen Flammen und anderen Zündquellen fernhalten. Nicht rauchen.
Staub/Rauch/Gas/Nebel/Dampf/Aerosol nicht einatmen.
Freisetzung in die Umwelt vermeiden.
Schutzhandschuhe/Schutzkleidung/Augenschutz/Gesichtsschutz tragen.

BEI VERSCHLUCKEN: Sofort GIFTINFORMATIONSZENTRUM **(0228 19240)** oder Arzt anrufen. **KEIN** Erbrechen herbeiführen.

Abb. 47:
Gefahren- und Sicherheitshinweise für Diesel (Beispiel).

2 Erdbaumaschinen

Erdbauarbeiten sind körperlich schwere und meistens zeitaufwendige Arbeiten. Sie werden deshalb, wo immer es möglich ist, von **Maschinen** übernommen. Wer Erdbaumaschinen fährt, sollte gleich morgens Reifendruck oder Kettenspannung, Ölstand, Kraftstoff, Wasser, Elektrik und die Abschmierung aller beweglichen Teile überprüfen. Außerdem muss man eingefahrene Steine aus Ketten oder Reifen entfernen. Für kleine Baustellen eignen sich Minibagger, kleine Laderaupen und Baggerlader. Auf großen Baustellen setzen wir Bagger, Radlader und Raupen ein.

Kettenfahrzeuge haben eine **gute Bodenhaftung** und dadurch **viel Schubkraft**. Sie verursachen durch die breite Auflage **wenig Verdichtungen**. **Fahrzeuge mit Rädern** richten auf der Straße oder wenn sie über Bordsteine fahren keine Schäden an. Aber sie verursachen mit ihren Reifen **Verdichtungen** im Boden und bleiben leichter stecken. **Breite Reifen** verursachen weniger Verdichtungen.

Hydraulikbagger gibt es in vielen Größen. Mit dem **Schnellwechsler** bauen wir **verschiedene Werkzeuge** an, die mit der Hydraulik angetrieben werden. Am häufigsten brauchen wir den **Tieflöffel**. Er gräbt von oben nach unten. Mit ihm können wir die volle Baggerkraft auf den Boden übertragen.

Bagger können sich mit **Ketten** oder **Rädern** fortbewegen. Größere **Kettenbagger** ab 12 Tonnen Gewicht müssen wir aufwendig mit dem Tieflader transportieren. **Mobilbagger** sind **wendiger** und **schneller**. Sie dürfen auf der Straße bis zu 35 km/h schnell fahren. **Minibagger** wiegen bis zu 8 Tonnen und fahren meist auf **Gummiketten** mit Stahleinlage. Wir können sie mit einem großen Bagger in unzugängliche Baustellen hineinheben. Die Gummiketten sind sehr empfindlich. Sie bekommen beim Überfahren von spitzen Steinen oder Bordsteinen leicht Risse. An Hängen kippen Minibagger leicht um.

Bagger setzen wir ein, um **Gräben** für **Rohre** und **Fundamente** auszuheben, zum **Auskoffern** für den Platz- und Wegebau, um **grob** zu **planieren** und um **große Lasten** zu **heben** und zu **verladen**.

Abb. 48:
Kettenbagger, Minibagger und Mobilbagger mit Tieflöffel

Abb. 49:
Baggerlader

Auch beim Böschungsbau und zum Beseitigen von Baumwurzeln und Ähnlichem sind sie gut zu gebrauchen.

Baggerlader sind gleichzeitig Bagger und Lader. **Vorne** kann man dieselben Geräte anbauen, wie an einen **Radlader**. **Hinten** ist ein **Baggerarm** angebaut, den man im Halbkreis schwenken kann. Dazu gibt es verschiedene Schaufeln. Baggerlader sind relativ klein und leicht zu transportieren.

Die meisten **Radlader** haben eine **Knicklenkung** und sind dadurch sehr **beweglich**. Sie sind schneller als Raupen, kippen aber auch leichter um. Mit der Standardschaufel kann man lösen, laden, transportieren, abräumen, einbauen und grob planieren. Es gibt viele andere Anbaugeräte wie Palettengabel, Rüttelplatte, Reißzähne, Böschungsmäher oder Kehrmaschine.

Planierraupe und **Laderaupe** transportieren wir mit dem **Tieflader**. Die **Planierraupe** kann Erdreich flach abtragen, verteilen oder planieren. Die **Laderaupe** transportiert abgetragene Erdmassen über kurze Strecken oder lädt sie auf einen LKW.

Abb. 50:
Radlader
mit Knicklenkung

Abb. 51:
Laderaupe und Planierraupe

3 Verdichtungsgeräte

Verdichtungsgeräte dienen zur kräftigen Verdichtung unter Bauwerken, damit es später keine Setzungen gibt. Hier sind nur kleine Geräte abgebildet, es gibt auch größere.

Die **Walzen** wirken durch ihr **großes Gewicht**. Der Fachmann nennt dies **„statische Wirkung“**. **Rüttelplatte** oder **Rüttelstampfer vibrieren** zusätzlich oder bewegen sich auf und ab. Weil bei diesen Geräten auch **Bewegungskräfte** wirken, nennen wir sie **„dynamisch“**.

Tabelle 3: Verdichtungsgeräte und ihre Einsatzmöglichkeiten		
Rüttelplatte, Vibrationsplatte 	Auflagefläche aus Metall, auch mit Gummischürze; bewegt sich schnell hin und her, wichtigstes Verdichtungsgerät im Platz- und Wegebau	dynamische Wirkung
Rüttelstampfer, Frosch 	ähnlich wie die Rüttelplatte, jedoch viel kleiner, Einsatz in Gräben oder an unzugänglichen Stellen	dynamische Wirkung
Schaffußwalze, Grabenwalze 	sehr schwere Walze mit Nocken, knetende Wirkung; Einsatz auf lehmigen feuchten Böden, oft mit Fernsteuerung	statische Wirkung
Rüttelwalze, Vibrationswalze 	glatte Walzen, die durch das Eigengewicht verdichten und zusätzlich vibrieren, hinterlassen eine sehr glatte Oberfläche	statische und dynamische Wirkung

4 Bodenbearbeitungsgeräte

Bodenbearbeitung dürfen wir nicht mit Erdarbeiten (siehe Seite 42) verwechseln. Unter Bodenbearbeitung verstehen wir die Arbeiten, um einen Boden pflanzfertig herzurichten oder Pflegearbeiten des Bodens nach der Pflanzung.

Für **kleine Flächen** setzen wir **Handgeräte** ein. Sie sind leicht zu transportieren und preisgünstig. Die Leistung, die ein Gärtner mit Handgeräten bringen kann, ist allerdings nicht sehr groß.

Mehr Leistung bringen Bodenbearbeitungsgeräte, die an einen **Schlepper (Traktor)** angebaut sind. Je größer die Flächen sind, desto größer können Schlepper und dazugehörige Anbaugeräte sein. **Einachsschlepper** eignen sich für kleine Flächen, **Kompaktschlepper** für mittlere und **Schlepper** für große Flächen. Schlepper haben einen **Zapfwellenstummel**, der sich **drehen** kann. Daran werden zapfwellengetriebene Geräte mithilfe einer **Verbindungszapfwelle** angeschlossen. **VSG beachten!** Beim Einachser werden die Geräte direkt am Zapfwellenstummel angeschlossen. Die größeren Schlepper können mithilfe der **Hydraulik** Geräte und Lasten **hochheben**.

Tabelle 4: Die wichtigsten Handgeräte

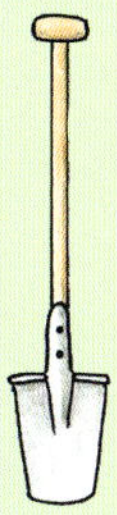		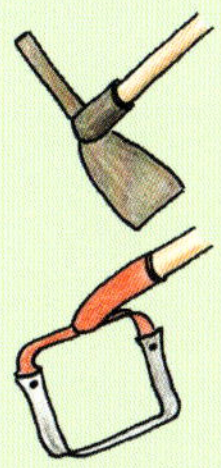	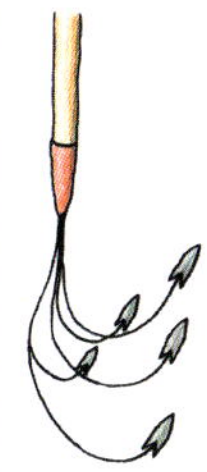	
Spaten Zum Lockern und Wenden des Bodens = Umgraben; für mittelschwere und leichte Böden	**Grabgabel** Zum Umgraben von schweren oder mit Wurzelunkräutern bewachsenen Böden	**Hacken** Zum Entfernen von Samenunkräutern; zum Auflockern der obersten Bodenschicht, wenn sie verschlämmt ist	**Kultivator** Zum tiefen Lockern ohne den Boden dabei zu wenden; so bleibt die Bodenfeuchte erhalten	**Rechen = Harke** Zum Ebnen des gelockerten Bodens; zum flachen Einarbeiten von Düngemitteln
Zum Einarbeiten von organischen Düngern wie Kompost, Mist				

Einachsschlepper

Kompaktschlepper

Schlepper

Die Fräse ist für uns Gärtner ein wichtiges Gerät zur Bodenbearbeitung. Sie erzeugt in **einem Arbeitsgang** einen **lockeren, krümeligen, gut durchmischten, saat- oder pflanzfertigen** Boden. Im Inneren der Fräse dreht sich eine Achse, die **Fräswelle**. Daran sind die **Werkzeuge** angebracht. Sie schlagen in den Boden und werfen die Erde gegen ein **Prallblech**.

Bei einer Fräse kann man einstellen:

- Die **Arbeitstiefe:** normalerweise fräst man 15–22 cm tief.
- Die **Stellung des Prallblechs:** je tiefer das Prallblech, desto feiner die Krümel.
- Die **Arbeitsgeschwindigkeit:** je langsamer man fährt, desto feiner die Krümel.
- Die **Drehzahl der Fräswelle:** je schneller sie sich dreht, desto feiner die Krümel.
- Man kann verschiedene **Werkzeuge** einbauen: federnde Haken erzeugen in der Regel feinere Krümel als starre Messer.

Wir dürfen den Boden **nicht zu stark** und **nicht zu häufig** fräsen, sonst fräsen wir ihn „tot". Große Bodenlebewesen und natürliche Bodenkrümel (Ton-Humus-Komplexe) werden zerschlagen. Der Boden verschlämmt dann bei Regen leicht.
Schlecht ist das Fräsen **zu nasser, schwerer Böden**. Dabei entstehen Klumpen, die das Pflanzenwachstum behindern.
Wurzelunkräuter können sich durch Fräsen **vermehren**. Die Messer durchtrennen die Rhizome und Wurzeln in kleine Teilstücke. Jedes Teilstück mit Auge treibt wieder aus.

Tabelle 5: Anbaugeräte für die Bodenbearbeitung

Pflug			zum **Lockern und Wenden** des Bodens
Eggen	**Zinkenegge** 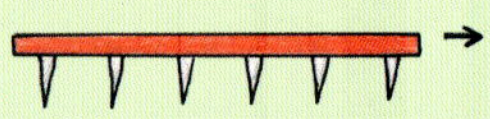	**Kreiselegge** 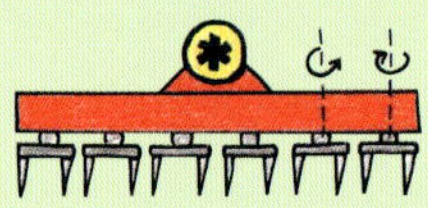	zum **Ebnen** des gelockerten Bodens, zum flachen Einarbeiten von Düngemitteln; **Zinkeneggen** werden gezogen, **Kreiselegge** und **Rüttelegge** werden von der Zapfwelle angetrieben
Walzen	**Glattwalze** 	**Ringelwalze** 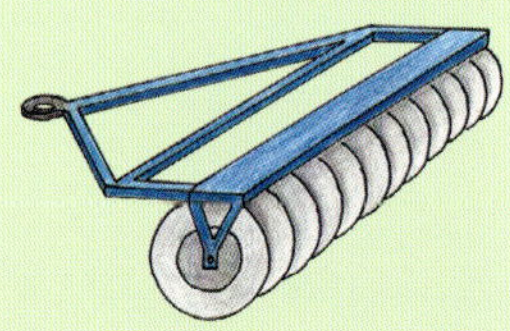	zum leichten Verdichten des Bodens, damit die Pflanzen „Bodenschluss" haben; das heißt, dass sie mit Bodenwasser versorgt werden **Nicht verwechseln mit Verdichtungsarbeiten im Platz- und Wegebau.**

Ähnlich wie die Fräse arbeitet die **Motorhacke**. Sie hat kürzere Werkzeuge und läuft langsamer. Entweder treiben die Hackwerkzeuge das Gerät an oder sie besitzt ein zusätzliches Triebrad.

Bei jeder Maßnahme der Bodenbearbeitung müssen wir darauf achten, dass wir den **Boden nicht schädigen**. Schwere Maschinen verursachen besonders auf schweren nassen Böden **Bodenverdichtungen** und als Folge davon Staunässe. **Schmale Reifen** mit hohem Luftdruck hinterlassen oft **tiefe Fahrspuren**. Pflügen oder Umgraben in der warmen Jahreszeit lässt den Boden tief austrocknen.

Abb. 52:
Triebradlose Motorhacke

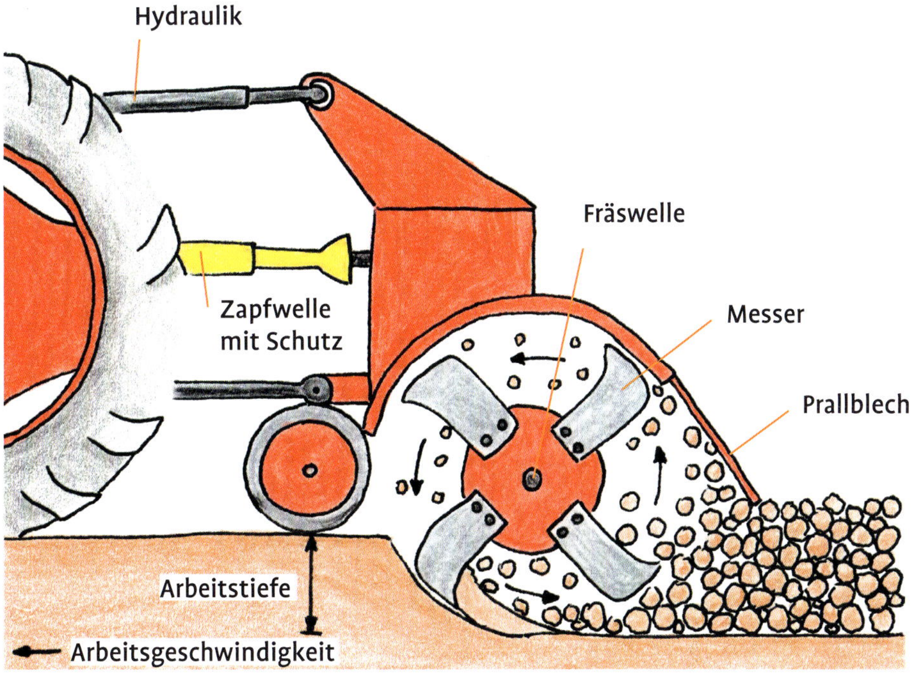

Abb. 53:
Die Arbeitsweise der Fräse

F Erdbau

1 Oberboden

Der **Oberboden** (oder Mutterboden) ist die obere dunkle Bodenschicht. Er ist humusreich, voller Bodenleben und besonders **wertvoll für das Pflanzenwachstum**. Wir **retten** und **schonen** ihn, wo immer es geht. **Vor Baubeginn entfernen** wir den Oberboden dort,

- **wo** Wege, Mauern oder sonstige **Bauwerke hinkommen**. Oberboden eignet sich nicht als Baugrund, da das Bodenleben den Humus im Lauf der Zeit abbaut. Dadurch setzt sich der Boden, Bauwerke würden absacken.
- wo wir Boden **aufschütten** oder **abtragen** wollen. Verschütteter Oberboden fängt an zu faulen.
- wo wir **viel herumfahren**. Die Krümelstruktur geht kaputt, der Boden wird schlecht bis unbrauchbar.

Wenn bindiger Boden (lehmig oder tonig) **zu nass** ist, **verschieben** wir den **Baubeginn**. In der Nähe von Pflanzen, die stehen bleiben sollen, bleibt der Oberboden unberührt. Im **Wurzelbereich von Bäumen** graben wir nur von Hand, halten mindestens 2,50 m Abstand vom Stamm und durchtrennen keine Wurzeln, die dicker als 2 cm sind. Diese und andere Vorschriften finden wir in der VOB/Teil C.

Abb. 54:
Oberboden und Unterboden lagern wir getrennt.

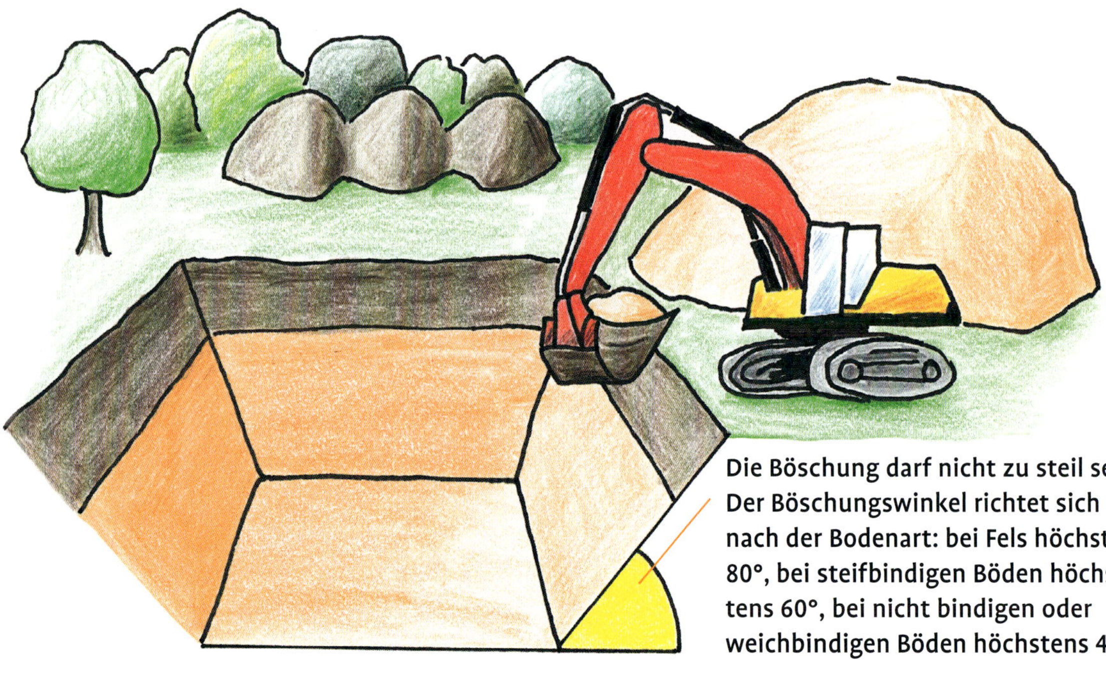

Die Böschung darf nicht zu steil sein. Der Böschungswinkel richtet sich nach der Bodenart: bei Fels höchstens 80°, bei steifbindigen Böden höchstens 60°, bei nicht bindigen oder weichbindigen Böden höchstens 40°.

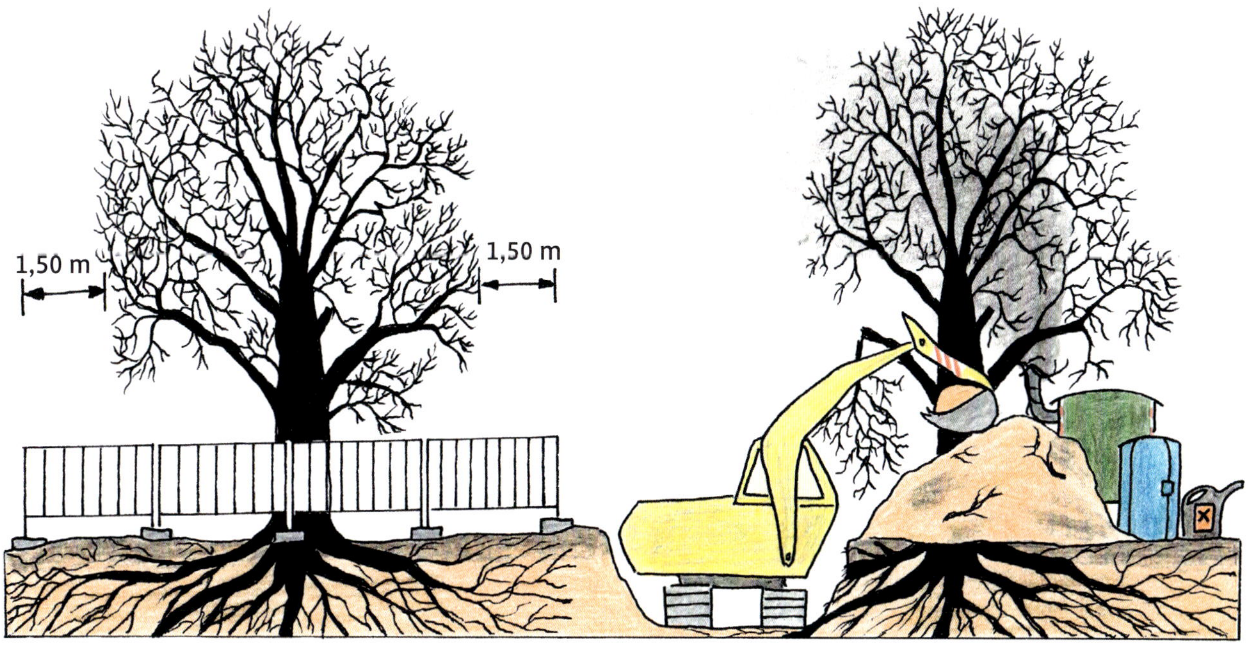

Dieser Baum ist richtig geschützt. **Dieser Baum ist schwer geschädigt.**

Abb. 55:
Pflanzen, die stehen bleiben sollen, benötigen Schutz.

Wir lagern den Oberboden in **Mieten**, die nur etwa **2 m hoch** sind, denn das Bodenleben **braucht Luft**. Bei Sauerstoffmangel fault der Oberboden. Es entstehen Gifte für die Pflanzenwurzeln. Wenn die Mieten während der Wachstumszeit längere Zeit lagern, säen wir eine Gründüngung ein. So sind sie vor Unkraut und Erosion geschützt.

Am Ende der Bauzeit brauchen wir den Oberboden als **oberste Schicht für** die **Vegetationsflächen**. Der **Unterboden** muss vorher fertig modelliert und so tief **gelockert** sein, dass Verdichtungen beseitigt sind (mind. 15 cm tief). Verdichtungen im Unterboden würden zu Staunässe führen. An steileren Hängen rauen wir den Unterboden nur auf. Wir **fahren** beim Auftrag des Oberbodens **auf dem Oberboden**, denn diesen können wir **später** wieder **lockern**. Für Rasen brauchen wir 10–20 cm dick Oberboden, für Gehölze 20–40 cm.

Wenn die Bodenstruktur vom Bau geschädigt ist, säen wir zunächst eine **Gründüngung** ein, damit die Bodenlebewesen und die Wurzeln den Boden lockern. Je nach Jahreszeit, Bodenprobenergebnissen und vorgesehener Bepflanzung verbessern wir den Boden mit **Humus** und **Dünger**.

Für Pflanzen, die **nährstoffarme Böden** lieben, **magern** wir nährstoffreiche Oberböden mit Unterboden, Sand oder Splitt **ab**. **Kalk** verwenden wir, wenn der Boden zu sauer ist oder eine schlechte Krümelstruktur hat. Für Säure liebende **Moorbeetpflanzen** wie Rhododendron versauern wir den Boden mit **Torf**.

2 Unterboden

Der **Unterboden** ist heller und fester als der Oberboden, da er kaum Humus enthält.

Bevor wir mit den Erdarbeiten beginnen, klären wir ab, wo Leitungen verlaufen und Grenzsteine sitzen. **VSG beachten!** An Stellen, wo wir gewachsenen Boden brauchen, dürfen wir nicht zu tief baggern und lockern.

Auf **Vegetationsflächen** soll der **Boden locker** sein, deshalb **schonen** wir den Unterboden auf Flächen, auf denen später gepflanzt oder ausgesät werden soll. Wir behandeln ihn wie Oberboden.

Wenn der **Unterboden als Baugrund** für Wege, Mauern, Treppen und andere Bauwerke dient, **verdichten** wir ihn. Er soll eine **ausreichende Tragfähigkeit** bekommen. Böden mit sehr **unterschiedlichen Korngrößen** lassen sich gut **verdichten**, denn Stützkorn und Füllkorn sind vorhanden (siehe Seite 27). Böden mit **nur einer Korngröße** machen **Probleme**. Bestimmte Sandböden lassen sich nicht verdichten. Wir bekommen sie mit Zement fest. Bei nassen schweren Böden fräsen wir bei trockenem Wetter Branntkalk ein. Branntkalk macht den Boden trockener. Es entstehen Krümel. So lässt er sich verdichten.

Der Unterboden soll beim **Verdichten erdfeucht** sein. Das Wasser wirkt wie Schmiere zwischen den Teilchen. Sie rutschen leicht aneinander entlang und lagern sich immer dichter aneinander. Wenn der Boden zu nass ist, „schwimmen" die Teilchen im Wasser. Es ist matschig und wir können nicht verdichten. Auch gefrorenen Boden können wir nicht verdichten.

Wann haben wir genug verdichtet?

Je **mehr Belastung** später auf den Baugrund drückt, desto **stärker verdichten** wir. Das Planum unter einem Weg muss genauso viel Belastung aushalten wie der Weg. Eine Garageneinfahrt darf sich nicht verformen, wenn ein schwerer Öltanklaster rückwärts ans Haus heransetzt. Für eine Garageneinfahrt gilt also: wenn ein großer, schwer beladener LKW langsam über das Planum fährt und keine bleibenden Spurrillen hinterlässt, ist genug verdichtet. Zum Prüfen gibt es geeignete Methoden, die der Baustellenleiter anwendet. Es ist sehr wichtig, die **Tragfähigkeit des Baugrunds** zu **prüfen**, **bevor** die **Arbeiten weitergehen**, denn später können wir Fehler nur mit viel Aufwand korrigieren.

3 Bodenmodellierung

Wir tragen Boden ab und schütten ihn an anderer Stelle auf. So formen wir Teiche, Wälle, Hügel, Böschungen und Senken. Wir achten darauf, dass **Regenwasser** immer **abfließen** kann, sonst versacken unsere Maschinen nach einem starken Regen eventuell im Matsch.

Was müssen wir bei Modellierungsarbeiten beachten?

- Beim **Boden lösen** wird der Boden gelockert. Das **Volumen nimmt** dabei um 15 bis 30 % **zu**. Wenn wir eine 300 Kubikmeter große Baugrube ausbaggern, müssen wir bis zu 400 Kubikmeter Erde abfahren oder anderweitig verwenden.
- Beim **Aufschütten** ist der Boden zunächst locker. Im Lauf der Jahre gibt es **Setzungen**, das heißt, der Boden sackt langsam zusammen. Auf Vegetationsflächen darf der Boden sich langsam setzen. Wir legen sie etwas höher an, als sie am Schluss sein sollen. Unter Bauwerken wie Garageneinfahrten, Terrassen und Mauern darf sich nichts setzen. Wir verdichten deshalb beim Einbau alle 30 cm lagenweise. Vorsicht: Abwasserrohre, Strom-, Wasser- und Gasleitungen, Zisternen, Kellerwände und Fundamente dürfen wir nicht beschädigen. Der Baustellenleiter sagt uns, womit und wie wir verfüllen sollen.
- **Böschungen** dürfen **nicht zu steil** sein, sonst rutschen sie ab. Den **Böschungswinkel** legt deshalb ein Fachmann fest.

Abb. 56:
Diese Böschung wurde mit großen Buntsandsteinen befestigt.

- Die **Sicherung von Böschungen** ist wichtig, bis die Wurzeln den Boden festhalten, sonst spült der Regen den Boden nach unten. Es gibt sehr viele Möglichkeiten der Böschungssicherung. Ein Fachmann kennt sie und entscheidet, was zu tun ist. In Gärten können wir Böschungen zum Beispiel mit **großen Steinen** oder **Trockenmauern** befestigen. **Rollrasen** oder **Mulch** schützt den Boden an kleinen Abhängen.

3.1 Trockenmauer zur Böschungssicherung

Trockenmauern puzzeln wir aus eckigen **Natursteinen** verschiedener Größe zusammen. Wir legen sie ohne Verfugung „trocken" aufeinander. Trockenmauern über 1,50 m Höhe brauchen eine statische Berechnung und müssen sehr sauber gearbeitet werden, damit sie auf Dauer stehen bleiben. Das erfordert großes Können.

Ein **Fundament** brauchen wir erst bei Mauern ab 1,20 m Höhe. Es muss **nicht frostfrei** sein, **aber trocken**. Wir koffern 40 cm tief und 20 cm breiter aus, als der Mauerfuß werden soll. Der Mauerfuß soll mindestens so breit sein, wie die Mauerhöhe geteilt durch drei. Wir füllen den Graben 30 cm hoch mit wasserdurchlässigem Baustoffgemisch (z. B. 0/50) und verdichten. Im Fundament soll das Wasser wegfließen, deshalb sorgen wir dafür, dass das Wasser abfließen kann, falls es nicht schnell genug versickert. Die Mauer soll sich an den Hang lehnen (Anlauf), deshalb setzen wir alle Steine mit einer **Neigung zum Hang** hin in eine Bettung aus feinerem Material (z. B. 8/16). Beim Aufschichten der Steine ist ein Schnurgerüst hilfreich.

Die **Dränschicht** (z. B. Dränkies) hinter der Mauer leitet das Wasser ab, das bei Regen anfällt. Das **Dränrohr** brauchen wir nur bei hohen Mauern oder wenn wir Wasser führende Schichten angeschnitten haben.

Wir setzen die **Steine** so aufeinander, dass sie **nicht wackeln**. Nicht passende Fugen unter Wackelsteinen gleichen wir nicht mit Erde aus, sondern suchen passende kleine Steinplatten oder **Steinkeile**, die die Last auf Dauer tragen können. **Senkrechte Fugen (Stoßfugen)** müssen **versetzt** sein, damit die Steine sich gegenseitig festhalten. Waagerechte Fugen

Abb. 57:
Trockenmauer im Schnitt

(Lagerfugen) dürfen durchlaufen. Kreuzfugen sind nicht erlaubt. Alle 50–80 cm bauen wir **Binder** ein. Das sind längere Steine, die im rechten Winkel zum Mauerverlauf liegen, damit die Mauer auch in dieser Richtung fest verzahnt ist. Unten und an den Ecken nehmen wir eher größere Steine. Ganz oben für die Mauerkrone lassen wir uns bis zum Schluss schöne große **Abdecksteine** übrig. Breite Stoßfugen können wir gleich beim Aufsetzen mit Erde füllen und bepflanzen.

Später lassen sich Trockenmauern **einfach reparieren** oder verändern.

Abb. 58:
Trockenmauern: aus Sandstein

Abb. 59:
... und aus Kalkstein

G Wege und Plätze

Trampelpfade werden bei Regen leicht matschig. Deshalb befestigen wir Fußwege und Fahrwege. Sie brauchen einen tragfähigen **Unter- und Oberbau**. Je stärker die Belastung ist, desto dicker muss der Aufbau sein.

1 Wegebau in Schichten

Der anstehende **Baugrund (Untergrund)** ist der gewachsene Boden, der beim Auskoffern zum Vorschein kommt. Wenn er tragfähig genug ist, reicht es, wenn wir ihn verdichten. Wenn wir Material aufschütten oder einbringen und erst dann verdichten, sprechen wir von **Unterbau** oder **verbessertem Untergrund**.

Das **Planum** ist die **glatt planierte und verdichtete** Oberfläche des Baugrunds bzw. Unterbaus. Auf dem Planum soll später das **Sickerwasser zu den Seiten abfließen**. Wir planieren es mit demselben **Gefälle**, das später die Deckschicht haben soll. Dabei müssen wir genau arbeiten, denn unter Pflasterflächen dürfen wir zum Beispiel auf 4 m Länge nur 3 cm Unebenheit in der Höhe messen. Der Baustellenleiter überprüft, ob wir genug verdichtet haben (siehe Seite 50). Wenn das Planum uneben ist, bleibt das Wasser darauf stehen. Dort entsteht Matsch. Der Oberbau versinkt bei Belastung im Matsch, die Deckschicht bekommt Dellen.

Der **Oberbau** besteht aus **Frostschutzschicht, Tragschicht, Bettung** und **Deckschicht**. Obwohl diese Schichten „Oberbau“ heißen, sprechen später, wenn der Weg fertig ist, viele vom „Unterbau“ des Weges. Das ist verwirrend.

Abb. 60:
Unterbau und Oberbau

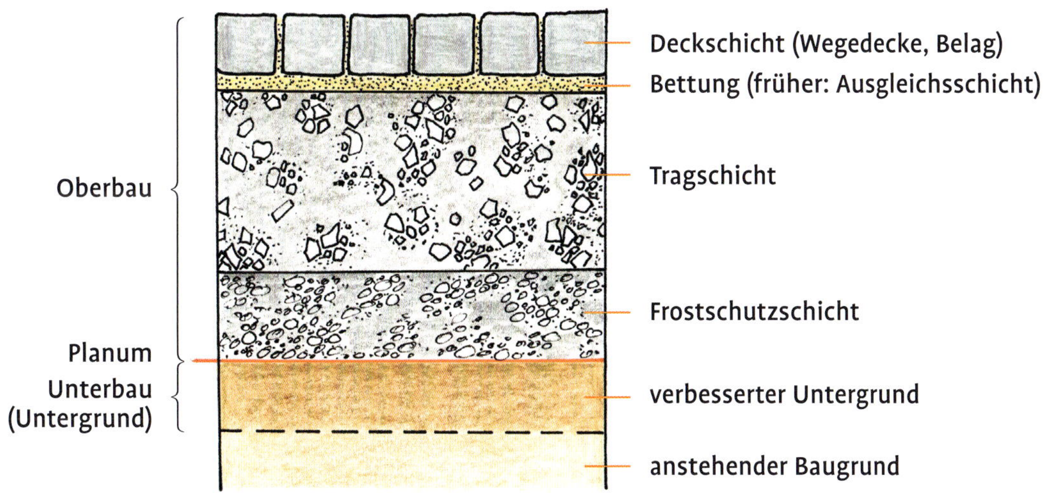

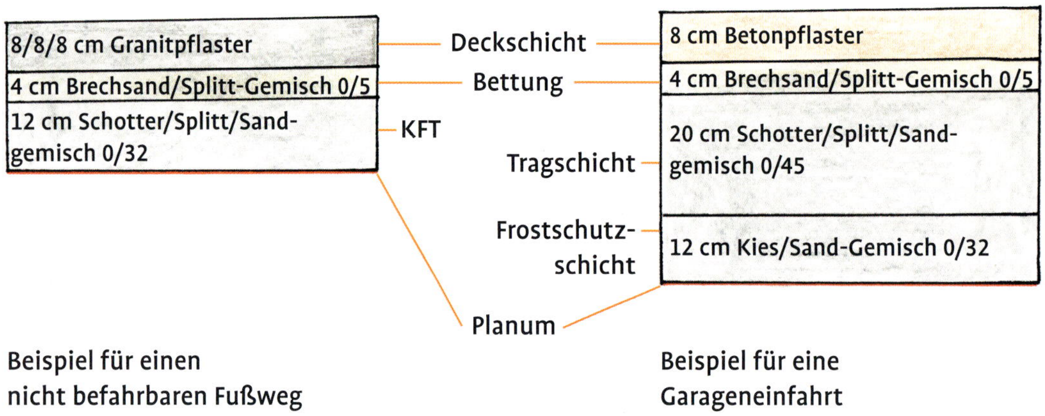

Abb. 61:
Je stärker die Belastung, desto dicker der Oberbau

Eine extra **Frostschutzschicht** brauchen wir nur bei stark belasteten Fahrwegen oder schweren Böden. Sie ist aus **wasserdurchlässigem Baustoffgemisch** (0/32) mit wenig kleinen Körnern im 0-Bereich. **Wasser steigt** darin **nicht nach oben**. **Regenwasser versickert schnell** und läuft auf dem Planum seitlich ab. Es ist wichtig, dass das Wasser schnell abfließt, denn gefrierendes Wasser würde den Oberbau nach oben drücken. Wir verdichten die Frostschutzschicht ausreichend. Beim Einbau der Frostschutzschicht darf das **Planum nicht matschen**. Es muss eben bleiben.

Im Gartenbau übernimmt die Tragschicht die Aufgaben der Frostschutzschicht normalerweise mit. Man spricht dann von einer **KFT** (Kombinierte Frostschutz-Tragschicht). Wie dick die Schicht sein muss, berechnet ein Fachmann.

Die **Tragschicht trägt** die **Verkehrslast** und **verteilt** sie **gleichmäßig**. Wir nehmen **Baustoffgemische**, die sich **gut verzahnen**, damit wir eine feste tragfähige Schicht erhalten. Geeignet sind Brechsand-Splitt-Schottergemische der Körnung 0/32 oder 0/45. Starke Tragschichten bringen wir in höchstens 30 cm dicken Lagen ein. Wir **verdichten** jede Schicht ein-

Abb. 62:
Wassergebundene Decke

zeln kreuzweise in **erdfeuchtem** Zustand. Trockenes Gemisch würde sich entmischen, der Sand würde nach unten rieseln. Die Oberfläche der Tragschicht bekommt das gleiche Gefälle wie die Deckschicht. Wir dürfen unter der 4-m-Latte nur 2 cm Abweichung in der Höhe messen. Nach dem Verdichten darf sich die Tragschicht bei Belastung nicht eindrücken lassen (siehe Seite 50).

Das Material der **Bettung** richtet sich nach der Deckschicht. Wichtig ist, dass aus der Bettung nichts in die Tragschicht rieselt. Das Fugenmaterial darf nicht in die Bettung rieseln. **Unter Pflasterflächen** nimmt man Splitt als Bettung. Sand würde zu leicht von Ameisen verschleppt. Da in ein Splittbett der Sand aus den Fugen hineinrieseln würde, schreibt die DIN Gemische aus Gesteinskörnungen 0/4 mm, 0/5 mm oder 0/8 mm vor, unter dicken Pflastersteinen über 12 cm Nenndicke 0/11 mm. Im verdichteten Zustand soll die Bettung **4 cm dick** sein, Abweichungen von 1 cm sind in Ordnung.

Die **Deckschicht** ist **sichtbar**. Man sagt auch Decke oder Belag dazu. Sie muss die **direkte Belastung** und **Verwitterung** aushalten und sollte sich für den entsprechenden Verwendungszweck eignen. Es gibt wassergebundene Decken, Naturstein- und Betonpflaster, Klinker, Beton- und Natursteinplatten, Rasengittersteine oder Asphalt.

2 Gefälle und Entwässerung

Wege und Plätze müssen **1,5–3 % Gefälle** haben, damit das Wasser abfließen kann. **3 % Gefälle** bedeutet: Wir bauen **pro laufenden Meter 3 cm** Höhenunterschied ein. Auch bergab führende Wege brauchen ein seitliches Gefälle, damit das Wasser nicht auf der ganzen Breite für nasse Füße sorgt.

Irgendwo muss das Wasser ablaufen können. Wenn möglich lassen wir das Wasser in oder neben der befestigten Fläche versickern. Sickermulden oder Sickerschächte sind hilfreich. Die **Versickerung im Boden** spart Geld, verhindert ein Absinken des Grundwasserstands und beugt Überschwemmungen vor. Wenn das nicht geht oder wenn zu viel Wasser anfällt, brauchen wir **Abläufe** und **Entwässerungsrohre**. Ein Fachmann rechnet aus, wie groß sie sein müssen.

Zuerst kümmern wir uns auf einer Baustelle um den **Rohranschluss zur Regenwasserkanalisation**. Zum Anschließen brauchen wir eine **behördliche Genehmigung**. Die Einleitung von Wasser ist **gebührenpflichtig**. Vorsicht beim Ausheben von tiefen Gräben – **Einsturzgefahr! VSG beachten!**

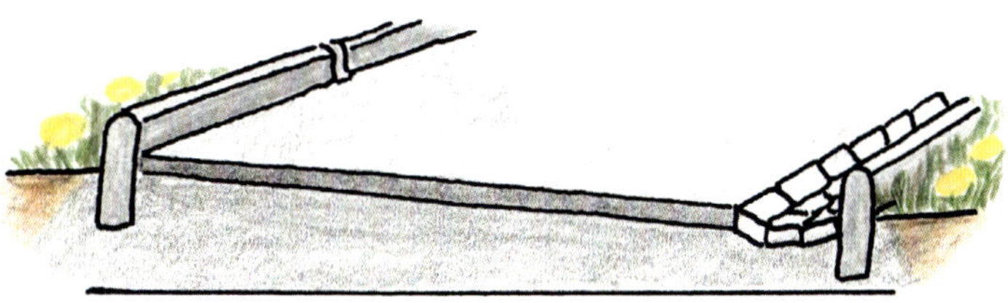

Einseitneigung

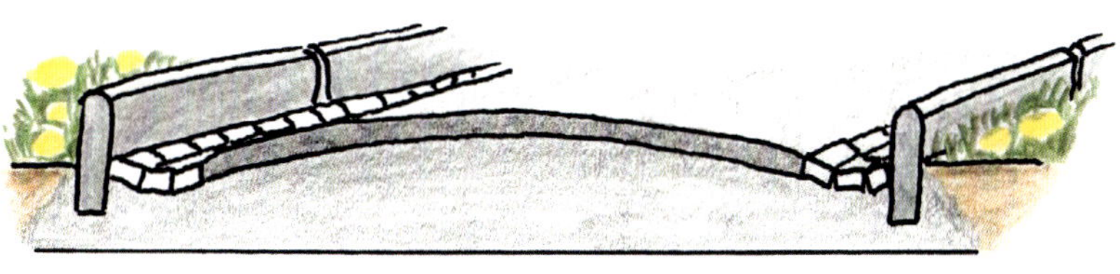

gewölbtes Profil

Abb. 63: Zwei Beispiele für die Ausbildung von seitlichem Gefälle

Abb. 64:
Entwässerungsrohr im Boden

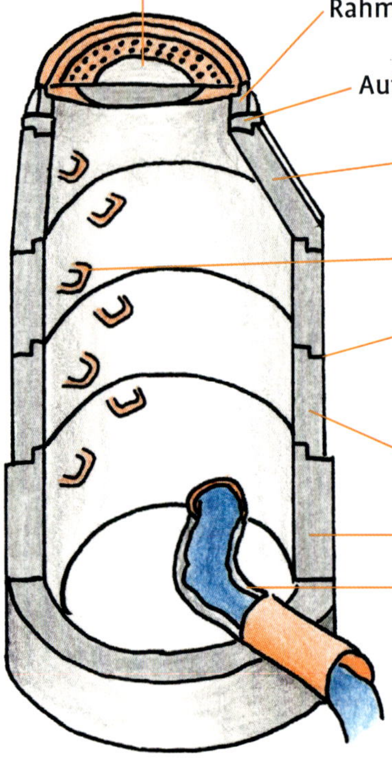

Abb. 65
Kontrollschacht

Wir beginnen an der tiefsten Stelle und verlegen die **Rohre** mit 1–2 % Gefälle auf einer 10 cm dicken Bettung aus Grubensand. In feinkörnigen Böden können wir ohne Bettung verlegen. Die **Muffen zeigen nach oben**, also gegen die Fließrichtung. Die Rohrverbindungen müssen beim Zusammenbau sauber sein. Die **Dichtringe** setzen wir mit **Gleitmittel** ein. Die Rohre sollen **satt aufliegen**, damit sie später nicht brechen. Der **Untergrund** muss **verdichtet** sein, damit er sich später nicht setzt. Wir verfüllen mit Grubensand und stopfen zunächst den Raum seitlich der Rohre sorgfältig aus. Mit leichten Maschinen dürfen wir frühestens 30 cm oberhalb des Rohres vorsichtig verdichten.

Normalerweise sollen Wasser führende Rohre **frostfrei** verlegt werden (80 cm tief). In frostfreier Tiefe, bei geringer Verkehrslast und relativ kleinen Wassermengen verbauen wir **Kunststoffrohre**. Bei zu geringer Tiefe, hoher Verkehrslast oder großen Wassermengen brauchen wir **Betonrohre**. Wir können sie zusätzlich mit Beton ummanteln, wenn sie zu dicht unter der Fahrbahn liegen. Zur Reinigung und Kontrolle der Abflussrohre bauen wir in Kurven oder auf langen Strecken **Kontrollschächte** ein.

Abflüsse gibt es in verschiedenen Größen und mit verschiedenen Abdeckungen für verschiedene Verkehrsbelastungen. Die großen **Straßenabläufe (Gullys)** nehmen sehr viel Wasser auf, **Hofabläufe** schlucken weniger, reichen aber im Gartenbau oft aus.

Das Bodenteil des Ablaufs setzen wir waagerecht in Beton. Die Höhe stimmt, wenn der **Aufsatz** später **3–10 mm unterhalb der Deckschicht** liegt. Wir schließen sorgfältig an die Entwässerungsrohre an. Nun setzen wir den Schaft auf und dichten ihn mit elastischem Dichtband oder Mörtel ab. Jetzt folgen meist ein oder mehrere Ausgleichsringe, damit wir oben mit dem Aufsatz in die richtige Höhe kommen. Bis zu etwa 3 cm können wir auch mit einer dicken Mörtelfuge ausgleichen. Den **Rost** müssen wir **quer zur Fahrtrichtung** einlegen, damit Radfahrer und Kinderwagen nicht darin stecken bleiben.

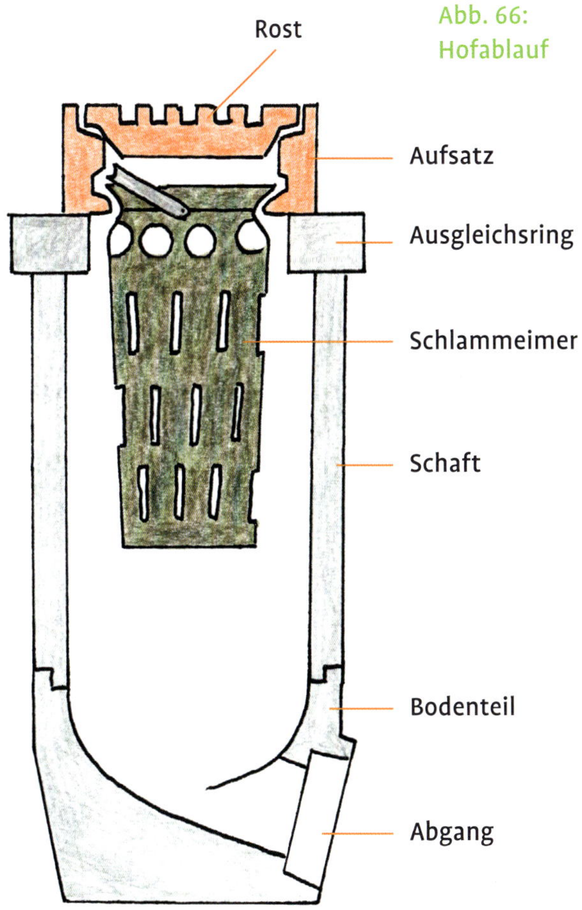

Abb. 66: Hofablauf

Wir können das Wasser auch in **Rinnen** auffangen. Wir setzen sie, bevor wir die Deckschicht einbauen. Dabei beginnen wir am tiefsten Punkt und brauchen mindestens 0,5% Gefälle.

Gepflasterte **offene Rinnen** bekommen ein Betonfundament und wasserfeste Fugen. Etwa alle 12 m brauchen wir Bewegungsfugen (= Dehnfugen), die wir mit Pflasterfugenmasse vergießen.

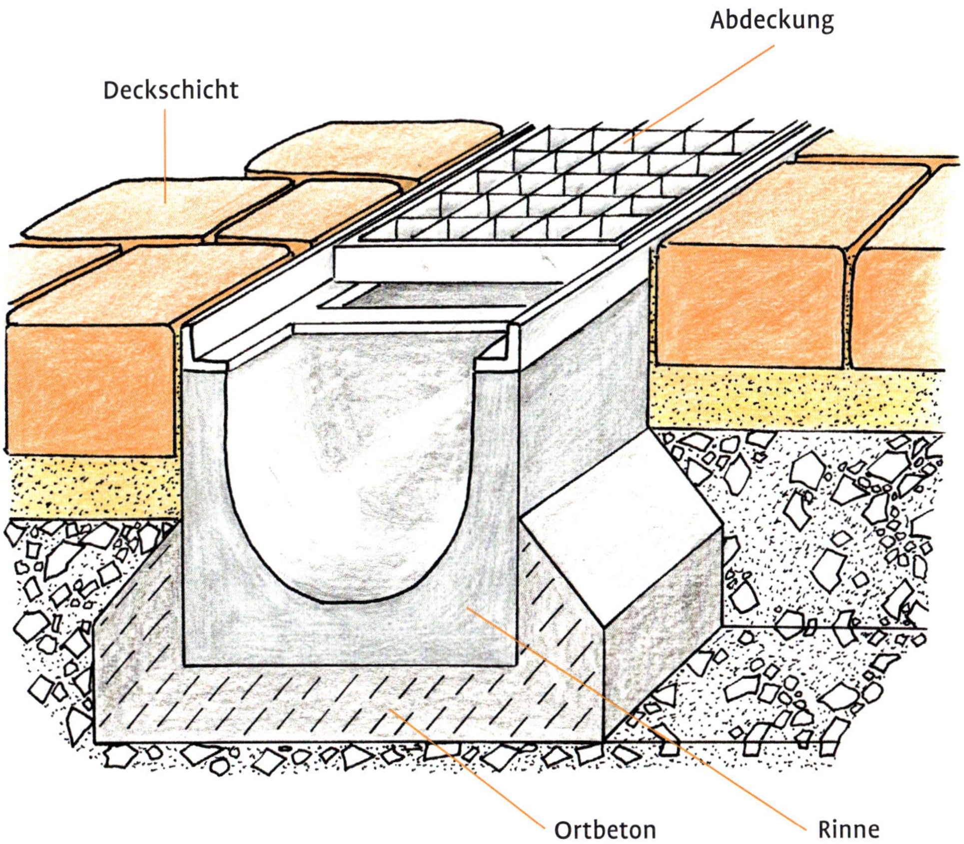

Abb. 67: Kastenrinne auf einer Terrasse

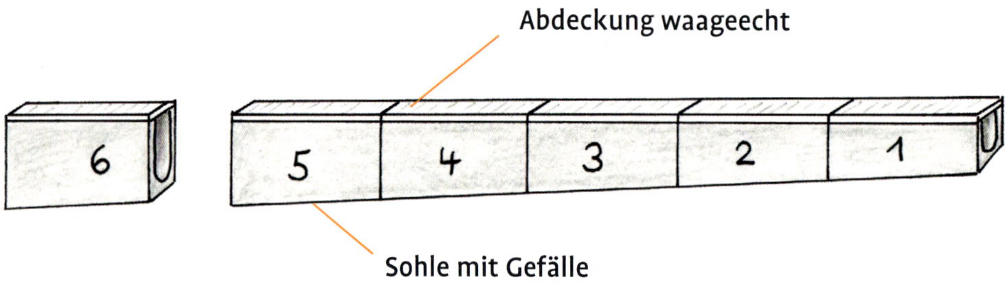

Abb. 68:
Kastenrinne mit Eigengefälle

Beliebt sind **geschlossene Rinnen** aus Beton. Es gibt sie für verschiedene Verkehrsbelastungen.

Kastenrinnen für Fahrwege setzen wir auf ein 20 cm dickes Betonfundament. Das Abdeckgitter muss auf Fahrwegen sehr stabil sein, auf Fußwegen reicht ein leichter Gitterrost (Abb. 67).

Bei waagerechter Deckschicht sind **Kastenrinnen mit Eigengefälle** praktisch. Wir bauen ein Betonbett mit dem richtigen Gefälle und achten darauf, dass wir die Fertigteile in der richtigen Reihenfolge einbauen. Die **Fugen** müssen **wasserdicht** sein (Abb. 68).

3 Randeinfassungen

Randeinfassungen dienen als **seitliche Stütze für Tragschicht, Bettung und Deckschicht**. Über flache Randeinfassungen (Tiefborde) kann das Wasser seitlich ablaufen. Hohe Randeinfassungen (Hochborde) **schützen Rasen und Beete** vor dem Befahren und wirken oft gleichzeitig wie eine **Entwässerungsrinne**.

Stark belastete Ränder befestigen wir mit **Bordsteinen** aus **Beton** oder **Naturstein**. Weniger belastete Ränder können wir mit **Rasenbordsteinen**, großen **Pflastersteinen**, einer **Läuferreihe** oder Ähnlichem gestalten.

Nach dem Vermessen bringen wir dort, wo wir die Randeinfassung setzen wollen, die **Frostschutzschicht** auf die richtige Höhe und verdichten. Das Sickerwasser vom Planum muss **unter dem Fundament** ablaufen können. Dann setzen wir die Randeinfassung in ein Betonfundament. Zwischen den Steinen lassen wir 5 mm Stoßfuge, die nicht verfugt wird. Wenn die Steine ausgerichtet im noch frischen Beton sitzen, bauen wir gleich die Rückenstütze dazu. Wir verdichten den Beton. Betonieren dürfen wir nur bei Temperaturen zwischen 5 und 25 °C.

Die **Rückenstütze** verhindert das seitliche Wegbrechen der Kantensteine. Sie darf nur so hoch sein, dass sie später nicht stört und soll leicht nach unten abgeschrägt sein. Der Beton darf nicht zu schnell trocknen, dagegen helfen ein paar Schaufeln Erde. Falls es stark auf den frischen Beton regnet, schützen wir ihn mit einer Folie. Der Beton muss 8–10 Tage aushärten, bevor wir ihn belasten, z. B. um die Tragschicht zu verdichten.

1. Hochbord

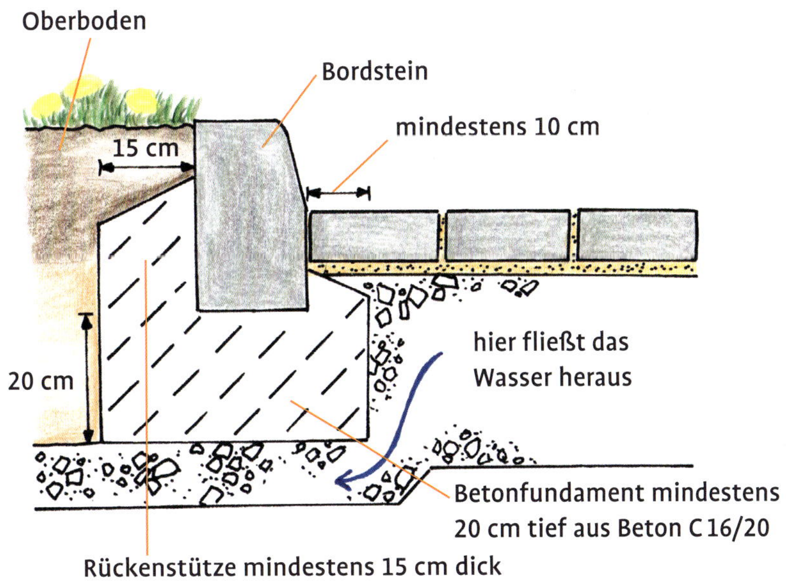

2. Tiefbord

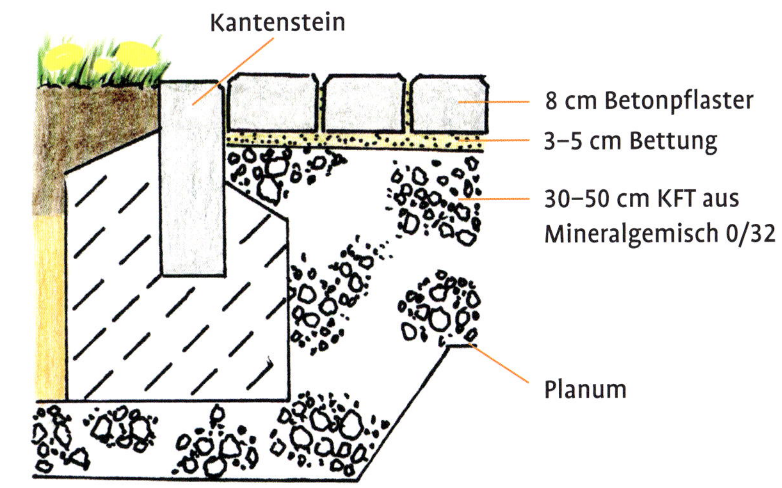

3. Pflasterrinne an wassergebundener Decke

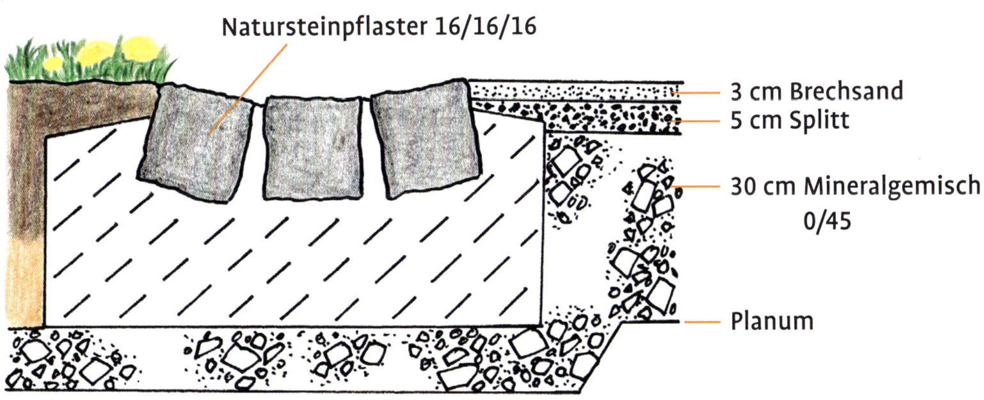

Abb. 69:
Beispiele für Randeinfassungen an Garageneinfahrten oder Parkplätzen

4 Betonsteinpflaster verlegen

Betonsteine sind **preiswert** und **schnell zu verlegen**. Zuerst überprüfen wir, ob die Tragschicht eben und gut verdichtet ist. Größere Senken ebnen wir mit Tragschichtmaterial und verdichten noch einmal. Das ist wichtig, denn wenn wir Senken in der Tragschicht mit dem Bettungsmaterial ausgleichen, wird der Belag später uneben. Betonsteine verlegen wir vorwärts, das heißt, wir stehen beim Verlegen auf der fertig gepflasterten Fläche.

Da die **Bettung** sich später **beim Abrütteln** etwa **1 cm setzt**, ziehen wir sie 1 cm höher ab, als sie später sein soll (Material siehe Seite 55). Der **abgerüttelte Belag** muss **3–5 mm über ebenerdigen Randeinfassungen** liegen und 3–10 mm über Rinnen und Hofeinläufen. Zum Abziehen unterlegen wir zwei Stahlrohre in der richtigen Höhe. Dabei achten wir auf das Gefälle. Nun ziehen wir mit der Abziehlatte das Pflasterbett glatt. Die fertig abgezogene Bettung **betreten** und **verdichten wir nicht**. Bei schmalen Wegen ziehen wir mit einer Holzschablone zwischen den Randeinfassungen ab.

Bei der **Lieferung** der Betonsteine **überprüfen** wir Format, Farbe, Menge und Qualität der Steine (Ausblühungen, Beschädigungen). Wenn die Steine verlegt sind, sind Reklamationen fast unmöglich. Leichte Farb- und Größenabweichungen sind normal und kein Reklamationsgrund. **Beim Verlegen mischen** wir Steine aus verschiedenen Lagen und mindestens drei Paletten, damit unterschiedlich gefärbte Steine durcheinander liegen. So fallen Farbabweichungen kaum auf. Betonsteine unter 12 cm Nenndicke verlegen wir mit 4 mm breiter Fuge, dabei sind Abweichungen von 2 mm okay. Die Abstandshalter sind nur für den Transport, zum Verlegen sind sie zu schmal. Beim „Knirsch-Verlegen" werden die Fugen zu klein zum Verfüllen. Wir überprüfen alle 5–8 Reihen mit Schnur oder Richtlatte, ob die Reihen gerade sind. Dabei fegen wir **Brechsand-Splitt-Gemisch** (0/4 oder 0/5) in die **Fugen**. Fugenmaterial und Belag müssen trocken sein.

Wenn die Fläche fertig gepflastert und verfugt ist, kehren wir sie **sehr sauber**, damit wir abrütteln können. Abgerüttelt wird der trockene Belag. Je nach Stärke der Steine wählen wir die **passende Rüttelplatte**. Bei empfindlichen Belägen verwenden wir eine Rüttelplatte mit **Gummischürze**. Vom Rand her

Abb. 70:
Abgezogene Bettung

Abb. 71:
Abrütteln wie man es nicht machen darf. Dieser Gärtner muss Sicherheitsschuhe anziehen.

arbeiten wir uns in Bahnen bis zur Mitte vor. Die Verdichtungsbahnen sollen sich überlappen. Danach verfugen wir die Fläche noch einmal und lassen übrig gebliebenes Fugenmaterial noch ein paar Tage liegen. Besonders bei Regen setzt sich das Fugenmaterial. Es ist wichtig, dass wir leere Fugen in den nächsten Tagen immer wieder vollständig verfüllen und am Schluss mit Wasser einschlämmen.

Bei Flächen über 300 m^2 lohnt sich eine **Verlegemaschine**. Man greift mit der Maschine eine ganze Lage Betonsteine von der Palette, umklammert sie und legt sie punktgenau richtig auf die Bettung. Beim Umklammern werden die Steine samt Abstandshaltern fest zusammengedrückt. Beim Loslassen springen sie leicht auseinander, sodass sie am Schluss die richtige Fugenbreite haben. Die Verlegemaschine wird mit Joysticks und Pedalen bedient. Das erfordert viel Übung. Die Maschine ist so gebaut, dass sie auf frisch verlegtem Pflaster wenden kann, ohne dass sich das Pflaster verschiebt. Gute Geräte kehren und schlämmen auch Fugenmaterial ein und machen danach sauber. Ein geübter Fahrer kann 100 m^2/Stunde verlegen (ohne Rückenschmerzen).

Verlegemuster

Die Betonsteinhersteller bieten unterschiedliche Steine an, die sich für viele verschiedene Verlegemuster eignen. Am stabilsten ist das **Verbundsteinpflaster**, da die Steine sich ineinander verzahnen. Sie lassen sich nach dem Verlegen nicht mehr bewegen. Wir brauchen zum Verfugen sehr feines Material und müssen es einschlämmen. Für Ränder, Kurven und Ecken gibt es extra geformte Steine. Am bekanntesten ist die H-Form, auch Knochen genannt.

Längliche Steine können wir im **Fischgrätverband** verlegen. Er ist durch die diagonale Verlegung stabiler als der **Reihenverband** (siehe Seite 63 und 64). Der Reihenverband ist wiederum stabiler als der **Schachbrettverband**, da der Schachtbrettverband lauter Kreuzfugen hat. Kreuzfugen sind nicht stabil und nur für Fußgängerbereiche geeignet. Je größer die Steinstärke, desto stabiler ist der Belag.

Abb. 72:
Verbundsteinpflaster S-Form mit Randsteinen

Abb. 73:
Fischgrätverband

Abb. 74:
Schachbrettverband

Am **Rand von Pflasterflächen** oder an Abflüssen oder Rinnen müssen wir Steine einpassen. Wir sägen sie nass mit **Nassschneider** oder **Flex**.

Passsteine sollen **nicht kleiner** sein, **als ein drittel Normalstein**. Sie sollen **keine spitzen Winkel** haben. Sehr kleine Steine bauen wir nicht ein, denn sie arbeiten sich mit der Zeit im Pflaster nach oben oder unten und fallen heraus. Längliche sehr schmale Stücke brechen kaputt.

Damit wir große Passsteine nehmen können, fangen wir in der vorletzten Steinreihe schon mit dem Anpassen an. Hier ist Kreativität gefordert. Wenn möglich, setzen wir eine Läuferreihe rund um die ganze Pflasterfläche. Das sieht gut aus.

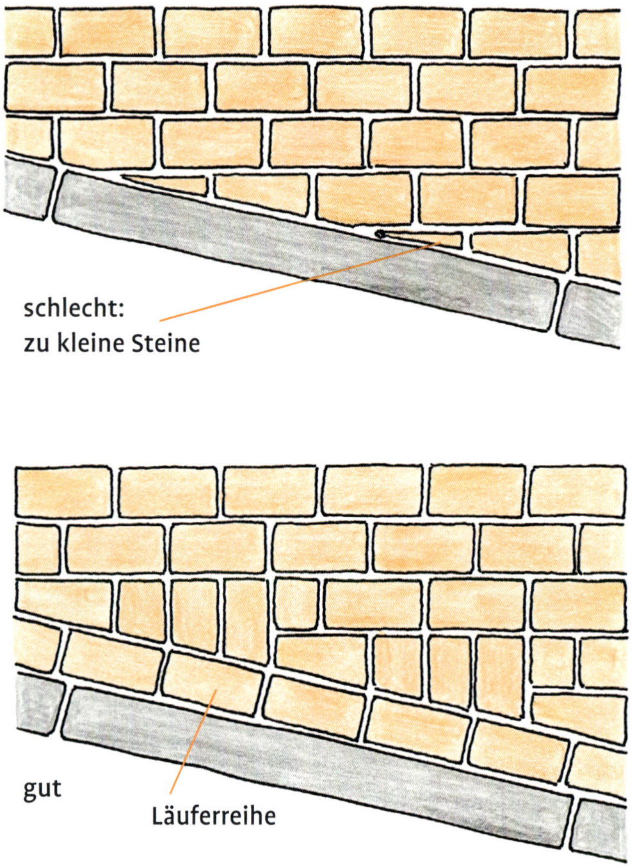

Abb. 75:
Gute und schlechte Randlösung

Abb. 76:
In Privatgärten leistet der Steinknacker gute Dienste.

Abb. 77:
Farbabweichungen

5 Pflastern mit Naturstein

Natursteinpflaster ist teuer, aber schön und sehr haltbar. Bei uns verwendet man Pflastersteine aus hartem Gestein, zum Beispiel aus **Granit, Gneis, Basalt** oder **Porphyr**.

Wir können verschiedene **Pflasterverbände** verlegen. Am einfachsten ist der **Reihenverband** (Abb. 80). Wir verlegen die Reihen rechtwinklig zur Randeinfassung. Kreuzfugen sind nicht erlaubt. Die Fugen zwischen den Reihen müssen gerade sein. Wir dürfen die Reihen nicht in Fahrtrichtung verlegen.

Der **Diagonalverband** ähnelt dem Reihenverband. Die Reihen werden aber im 45°-Winkel zur Randeinfassung verlegt (Abb. 81). Am Rand dürfen die Steine nicht zu klein werden. Beim Befahren sind schräg (diagonal) verlegte Verbände stabiler, weil die Schubkräfte der Reifen besser auf viele Steine übertragen werden.

Abb. 78:
Pflastersteine aus Granit (o. l.), Gneis (o. r.), Basalt (u. l.) und Porphyr (u. r.)

Abb. 79:
Pflaster aus Porphyr, Basalt und Granit

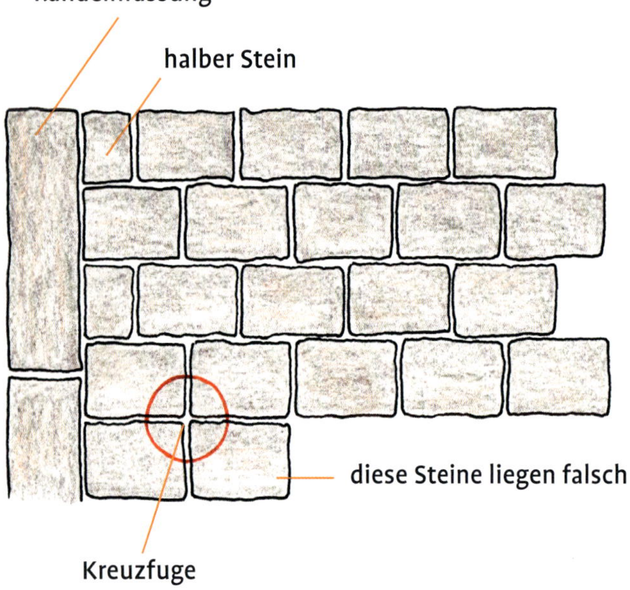

Abb. 80:
Reihenverband

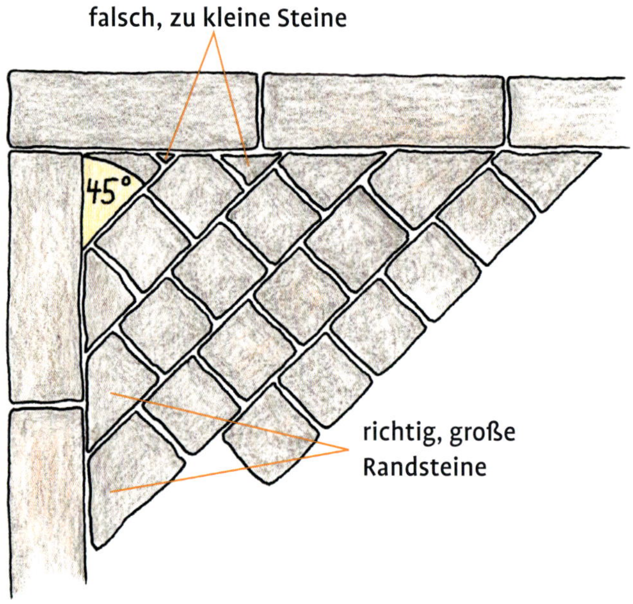

Abb. 81:
Diagonalverband

Abb. 82:
Ein großer Pflasterstein mit der Kantenlänge 15/15/15 wiegt genauso viel wie 27 kleine Pflastersteine mit der Kantenlänge 5/5/5.

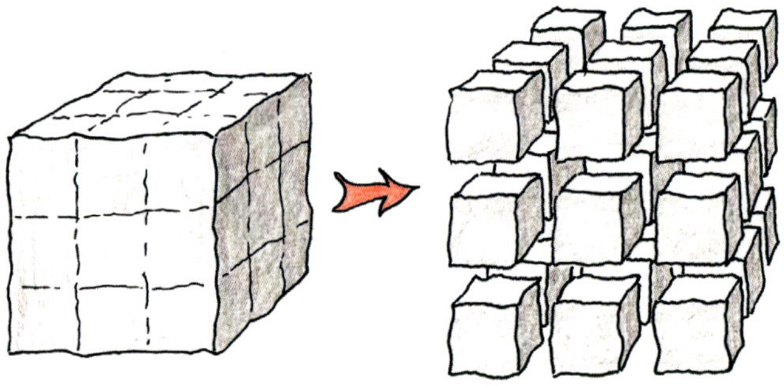

Mit einer Tonne kleinen Pflastersteinen kann man eine größere Fläche pflastern.

Abb. 83:
Groß-, Klein- und Mosaikpflaster

Früher unterteilte man in Großpflaster, Kleinpflaster und Mosaikpflaster, heute werden Pflastersteine **nach Größe sortiert** verkauft und **nach Tonnen abgerechnet**.

Naturpflastersteine haben keine glatten Seiten wie Betonsteine, deshalb brauchen wir größere **Fugen**. Je größer die Steine sind, desto breiter dürfen die größten Fugen sein. Pressfugen sind unzulässig. Natursteinpflaster unter 12 cm Kantenlänge verlegen wir meist in Bögen, größere Steine im Reihen- oder Diagonalverband. Wir bringen die **Bettung 1–1,5 cm höher** auf, als sie nach dem Verdichten sein soll (Material siehe Seite 55). Die Verlegung in Mörtel muss ein Profi übernehmen, denn dabei passieren sehr leicht Fehler.

Natursteinpflaster verlegen wir rückwärts, das heißt, wir hocken beim Pflastern in der Bettung. Wir beginnen am tiefsten Punkt und brauchen mindestens **3% Gefälle** (Schnüre spannen). Die Steine sind nicht genau gleich hoch und uneben, sodass wir für **jeden Stein den richtigen Sitz** einzeln vorbereiten müssen. Das alles dauert länger als die Verlegung von Betonsteinen und macht den Belag teurer. Wir hämmern die Steine mit ein paar Schlägen **„hammerfest“**, sodass sie genauso hoch wie ihre Nachbarn sitzen. Auf 4 m Länge dürfen wir höchstens 2 cm Abweichung in der Höhe pflastern. Die Steine sollten **nach dem Setzen zu zwei Dritteln in der Bettung** sitzen, sodass sie beim Betreten und Verfugen nicht kippen. Wenn wir abrütteln, setzen sich die Steine dabei noch 4–5 mm.

Welches Material wir zum Verfugen nehmen, richtet sich nach der Fugengröße und der Belastung der Fläche. Wenn die Fugen verfüllt sind, fegen wir ab, rütteln die Fläche vorsichtig ab und verfüllen wieder.

Tabelle 6: verschiedene Steingrößen

Beispiel für Kantenlänge	hieß früher:	maximale Fugenbreite	Pflasterfläche pro Tonne	Steine pro Tonne
160/160–220/160 mm	Großpflaster	18 mm	2,5 m^2	90
80/80/80 mm	Kleinpflaster	10 mm	6,5 m^2	800
50/50/50 mm	Mosaikpflaster	6 mm	8,5 m^2	4000

H Treppenbau

Wenn Wege zu steil werden, bauen wir **Treppen**. Bei glatten Wegebelägen kann das ab 8 % Gefälle sinnvoll sein, normalerweise aber erst **ab einem Gefälle von etwa 10 %**. Mindestens drei **Stufen** bilden eine **Treppe** oder einen **Treppenlauf**. Eine zweiläufige Treppe ist ein Treppenlauf, der durch ein **Podest** unterbrochen wird.

1 Treppenmaße und Treppenformel

Damit eine Treppe **bequem** und **sicher** zu begehen ist, müssen die Stufen **bestimmte Maße** haben. Dabei unterscheiden wir **Stufenhöhe** und **Auftritt**. Die genauen Maße berechnen wir mit der **Treppenformel**.

Schrittmaß = 2 × Stufenhöhe + Auftritt

Die durchschnittliche **Schrittlänge (Schrittmaß)** beträgt **59–65 cm**. Wenn wir aufwärts gehen, machen wir wegen der Anstrengung sehr viel kürzere Schritte. Wir rechnen deswegen die **Stufenhöhe doppelt**, obwohl wir sie nur einmal überwinden. Den **Auftritt** rechnen wir **einmal** (Abb. 85).

Abb. 84:
10 % Gefälle mit und ohne Treppe

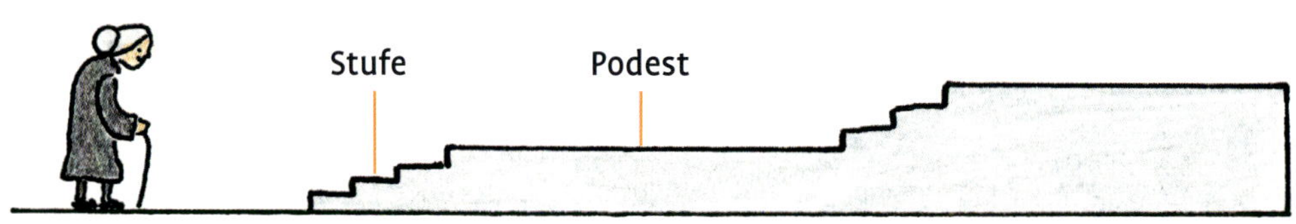

Je größer die Auftrittsfläche ist, desto geringer ist die Stufenhöhe und umgekehrt. Übliche Stufen im Freien sind 12–16 cm hoch. In der Tabelle unten sind die Längen der Auftritte bereits fertig ausgerechnet (Schrittlänge 65 cm). Das **Steigungsverhältnis** ergibt sich aus Stufenhöhe zu Auftritt.

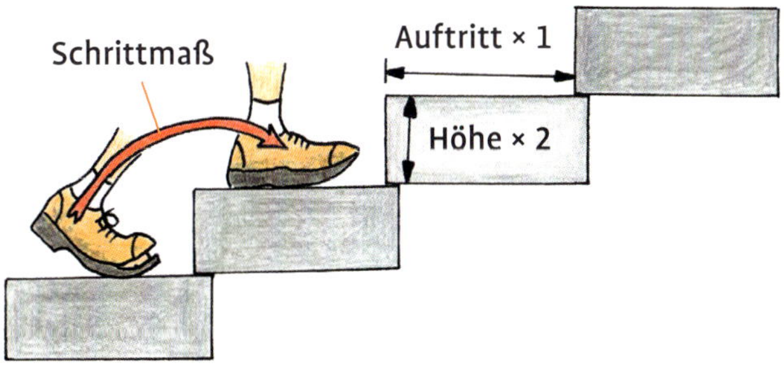

Abb. 85:
Die Treppenformel

Beim Treppenbau im Freien, wo es regnet oder schneit, muss jede Stufe **1 cm Gefälle** haben, damit das Wasser rasch ablaufen kann. So ergibt sich:

Stufenbauhöhe = Stufenhöhe + 1 cm

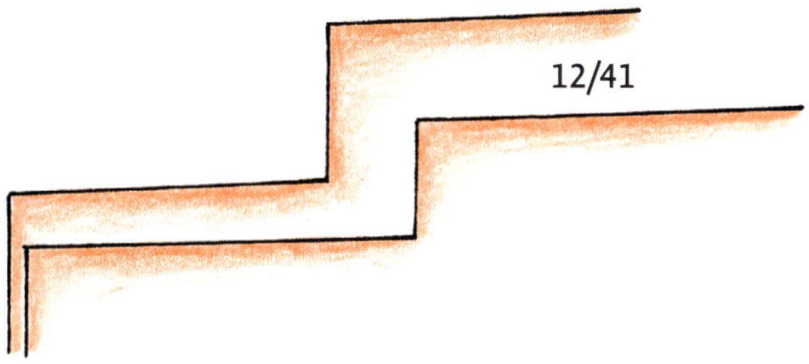

Abb. 86:
Steigungsverhältnisse

Damit Treppen **sicher** zu begehen sind, muss **jede Stufe exakt gleich hoch** sein. Nur wenige Millimeter Abweichung genügen und eine Stufe wird zur Stolperfalle.

Tabelle 7: Stufenmaße und Steigungsverhältnis

Stufenhöhe	Auftritt	Steigungsverhältnis
12 cm	41 cm	12/41
13 cm	39 cm	13/39
14 cm	37 cm	14/37
15 cm	35 cm	15/35
16 cm	33 cm	16/33

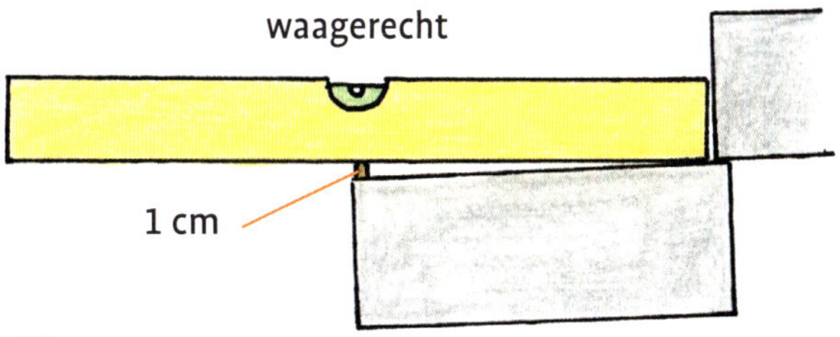

Abb. 87:
Gefälle auf einer Treppenstufe

Berechnungsbeispiel: Ein Zugang vom Gehsteig zum Haus ist 3,50 m lang. Ein Höhenunterschied von 1 m ist zu überwinden. Es sollen Stufen mit 15 cm Höhe verwendet werden. Zum Haus hin werden ein Weg und eine Treppe gebaut.

Rechenweg: Höhenunterschied 1 m = 100 cm

Stufenhöhe + 1 cm = 15 cm + 1 cm = 16 cm

100 cm : 16 cm/Stufe = 6 Stufen; Rest 4 cm

Bei 15 cm Stufenhöhe beträgt der Auftritt 35 cm.
→ 6 Stufen × 35 cm/Stufe = 210 cm = 2,10 m Treppenlänge
→ 3,50 m – 2,10 m = 1,40 m Weg

Der Rest des Höhenunterschiedes von 4 cm wird beim Einbau des Weges überwunden.

2 Stufenarten

Blockstufen bestehen aus einem massiven Stück oder „Block". Sie sind aus Beton oder Naturstein (Granit, Porphyr, Basalt, auch Sandstein, Muschelkalk). Blockstufen sind so schwer, dass wir auf tragfähigem Untergrund bei geringer Belastung nur unter der ersten Stufe ein 20 cm dickes Betonbett brauchen. Unter den anderen Stufen reicht ein 10 cm dickes Bett aus Dränmörtel auf verdichteten Baustoffgemischen. Die einzelnen Stufen sollen mindestens 3 cm auf der unteren Stufe aufliegen.

Legstufen bestehen aus **Auftrittsplatten** und **Unterlage**. Sie sind aus Beton oder Naturstein (Granit, Porphyr, Basalt, auch Sandstein, Muschelkalk). Die Platten ragen vorne 3–4 cm über die Unterlage. Sie wirken leichter als Blockstufen. Fast immer brauchen wir ein Betonfundament.

Stellstufen bestehen aus **Stellkante** und **Auftritt**. Stellkanten sind aus Beton, hartem Naturstein (Granit, Porphyr, Gneis) oder Holz. Wir verwenden z. B. Tiefbordsteine, Palisaden oder waagerecht gelegte Rundhölzer. Stellkanten aus Beton oder Naturstein bekommen ein frostfrei gegründetes **Streifenfundament mit Rückenstütze**. Die Rückenstütze soll möglichst hoch sein. Vorne soll die Stellkante zu mindestens einem Drittel im Beton stecken, da sonst die Stellkanten leicht nach vorne kippen und Gefahrenstellen entstehen. Zwischen den Fundamentstreifen muss das Regenwasser versickern können. **Hölzer** werden **nicht in Beton** gesetzt. Der Auftritt kann aus gleichem Material oder aus völlig anderem Material sein.

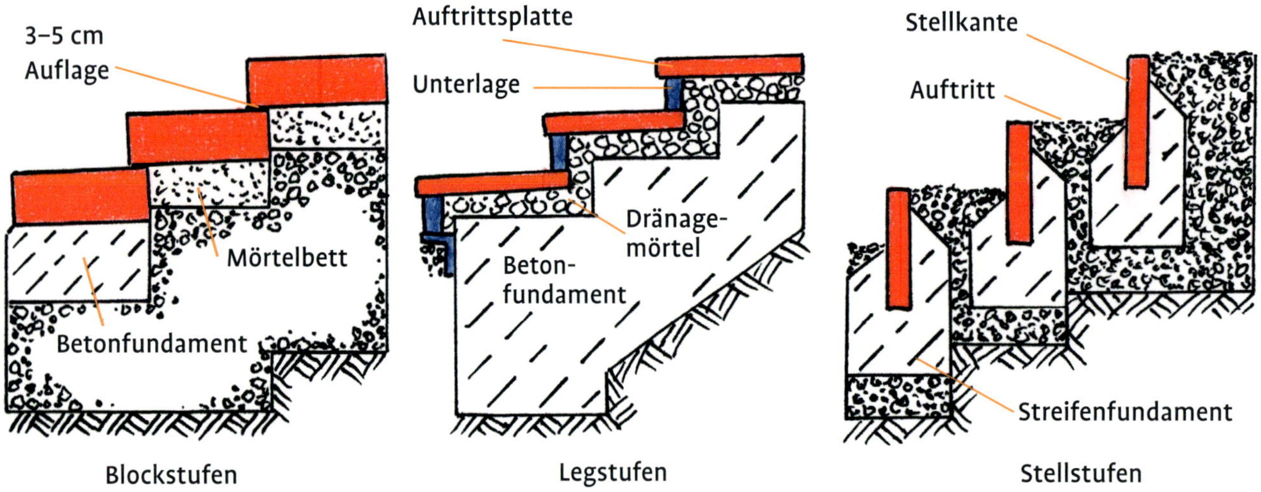

Abb. 88:
Stufenarten

Abb. 89:
Blockstufen aus Hartsandstein

Abb. 90:
Legstufen aus Schiefer

Abb. 91:
Stellstufen: Stellkante aus Granit

I Rasenbau

Was ist Rasen?
Rasen ist eine durch **Wurzeln und Ausläufer mit der Vegetationstragschicht** fest verwachsene Pflanzendecke aus **Gräsern**, die im Regelfall nicht landwirtschaftlich genutzt wird. Oft wachsen dort auch Kräuter.

Im Garten- und Landschaftsbau gibt es verschiedene Rasentypen. Sie unterscheiden sich vor allem in der Belastbarkeit und beim Pflegeaufwand. Der Rasenbau ist in einer Norm, der DIN 18917, geregelt. Dort sind die **Rasentypen** beschrieben.

Abb. 92:
Gräser wachsen unterschiedlich.

Rasen

Zierrasen
Repräsentationsgrün mit hohem Pflegeaufwand bei geringer Belastbarkeit

Gebrauchsrasen
Hausgärten und Öffentliches Grün; mittlerer bis hoher Pflegeaufwand bei mittlerer Belastbarkeit

Strapazierrasen
- **Sport- und Spielrasen**
- **Parkplatzrasen**

mittlerer bis hoher Pflegeaufwand bei hoher Belastbarkeit

Landschaftsrasen
Grünflächen in der freien Landschaft, die nicht als Wiese genutzt werden (z. B. Straßenränder); geringe Belastbarkeit und geringer bis mittlerer Pflegeaufwand

Für die unterschiedlichen Rasentypen werden bestimmte Gräsersamen in einem genau vorgegebenen Verhältnis gemischt. Jede Grasart bringt bestimmte Eigenschaften mit, manchmal sind auch Kräuter enthalten. Diese Mischungen heißen **„Regel-Saatgut-Mischungen“ = RSM**. Einige Beispiele sind „RSM 1.1 Zierrasen“, RSM 3.1 Sportrasen – Neuanlagen“ oder „RSM 7.2.1 Landschaftsrasen – Trockenlagen“.

1 Rasenaussaat

Ab einer **Bodentemperatur** von 8 °C **keimen** Grassamen gut. Der **Boden** muss während der Keimdauer von 3 Wochen immer **feucht** gehalten werden. Wenn es nicht gerade heiß und trocken ist, sind die Monate **Mai bis September** die beste Zeit, um Rasen zu säen.

Wir **lockern** den Boden etwa 15 cm tief. Zur **Verbesserung** der Durchlüftung und der Belastbarkeit der Fläche können wir Sand oder Splitt einarbeiten. Das Einarbeiten von Kompost fördert das Bodenleben. Jetzt erfolgt, wenn nötig, auch die Grunddüngung. Ein pH-Wert zwischen 6 und 7 ist für Gräser ideal, notfalls arbeiten wir Kalk ein.

Anschließend **planieren** wir die Fläche sehr sorgfältig. Die Norm schreibt vor, dass wir auf einer 4-m-Messstrecke nur 3 cm in der Höhe abweichen dürfen (bei Landschaftsrasen 5 cm). Wir **walzen** die Fläche, damit der Rasen sich später nicht setzt. **Anschlüsse** an andere Flächen planieren wir **höhengleich** oder höchstens 2 cm tiefer, weil Rasenflächen hoch kommen.

Die **Saatgutmenge**, die pro Quadratmeter ausgebracht werden muss, hängt vom Rasentyp und der RSM ab. Bei Gebrauchsrasen sind zum Beispiel 25 g/m² vorgeschrieben. Bei der Aussaat müssen wir Folgendes beachten:

Abb. 93:
Streuwagen und Igelwalze

Abb. 94:
Rasenbaumaschine in Aktion.
Der Gärtner sollte schleunigst einen Gehörschutz holen.

- Saatgut bei Aussaat mit der Hand oder dem Streuwagen kreuzweise ausbringen: Saatgutmenge halbieren; eine Hälfte quer, eine Hälfte längs ausbringen, damit die Verteilung möglichst gleichmäßig wird.
- Saatgut immer wieder **durchmischen**, damit die kleinen Samenkörner nicht nach unten rutschen und so eine ungleichmäßige Verteilung der Grasarten entsteht.
- Möglichst **nicht bei Wind** aussäen; der Wind weht kleine Samenkörner leicht fort.
- Saatgut mit Igelwalze oder Rechen **5–10 mm tief einarbeiten**; Grassamen sind **Lichtkeimer**. Wenn sie zu tief eingearbeitet werden, ist die Keimung verzögert und unregelmäßig. Wenn sie obenauf liegen, vertrocknen sie leicht.
- Saatgut **anwalzen**, damit die Samenkörner ausreichend Bodenkontakt haben. Das Wasser kann dann in den Bodenkapillaren bis zu den Samenkörnern aufsteigen. Man sagt, die Samen bekommen „Bodenschluss".
- Nur mit **kleinen Tröpfchen** angießen, da sonst vor allem kleinere Samen weggeschwemmt werden oder Löcher im gewalzten Feinplanum entstehen.

Die vier Arbeitsgänge **Vorwalzen**, **Aussaat, Einarbeiten des Saatgutes** und **Nachwalzen** können wir mit der **Rasenbaumaschine** auf einmal erledigen.

Wenn die Gräser 6–10 cm hoch sind, **mähen** wir vorsichtig mit einer Schnitthöhe von 5 cm. Das fördert die **„Bestockung"** der Gräser. Das heißt, sie bilden neue Halme, dadurch wird der Rasen dichter. Das Mähgut kann liegen bleiben, wenn es keine Klumpen bildet. Nach sechs Schnitten ist ein Rasen normalerweise **abnahmefähig**. Dabei mähen wir nie tiefer als 4 cm. Zur Abnahme müssen drei Viertel der Fläche gleichmäßig mit Gräsern bedeckt sein.

2 Roll- oder Fertigrasen

Wenn eine Rasenfläche schnell fertig sein soll, verlegt man **Roll- oder Fertigrasen**. Außer bei Frost kann man das ganze Jahr über verlegen. Der Rollrasenhersteller legt riesige Rasenflächen an und pflegt sie. Später schält er 40 cm breite und 2,5 m lange Rasenstücke ab. Sie sind nur 1–2 cm dick. Auf Paletten geliefert, muss der Rollrasen **möglichst schnell verarbeitet** werden. Vom Schälen bis zum Verlegen dürfen höchstens **48 Stunden** vergehen.

Wir decken die Rollen mit **Strohmatten** ab, damit sie vor Austrocknung und Überhitzung geschützt sind. Den Boden bereiten wir wie bei der Aussaat vor. Er soll beim Verlegen feucht und leicht aufgeraut sein. Beim **Verlegen** bewegen wir uns auf der fertig verlegten Rasenfläche. Wir verlegen so, dass **keine Fugen** entstehen und ziehen die Rasenstücke möglichst wenig in Form, da sie sich bei Trockenheit wieder zusammenziehen und dann große Fugen entstehen. Statt zu überlappen, schneiden wir zu. An Böschungen befestigen wir die Rasenstücke mit Rasennägeln, damit sie nicht nach unten rutschen. Wenn nötig, füllen wir entstandene Fugen mit einem Sand-Erde-Gemisch. Wir schaffen Bodenschluss durch **Anwalzen** und **Bewässern** (etwa 15 l/m²).

Rollrasen ist **sofort begehbar**, braucht **kaum Nachsorge** und zuerst gibt es **keine Unkräuter**.

Abb. 95:
Rollrasen

3 Rasenpflege

Mähen

Je öfter wir Rasengräser mähen, desto **besser bestocken** sie sich. Der Rasen wird **dichter und trittfester**, es kommt **weniger Unkraut** auf. Je kürzer ein Rasen sein soll, desto öfter müssen wir ihn mähen, denn wir sollten **pro Schnitt möglichst nur die Hälfte der Höhe** abschneiden. Bei Wärme und Feuchtigkeit wächst Rasen sehr schnell, sodass wir oft mähen müssen. Golfrasen braucht dann jeden Tag einen Schnitt, Zierrasen zwei Schnitte pro Woche, Gebrauchs- und Strapazierrasen mindestens einen Schnitt pro Woche. Bei kühlem oder trockenem Wetter müssen wir seltener mähen. Landschaftsrasen darf hoch wachsen, wir mähen ihn höchstens dreimal im Jahr. Bei **kühler feuchter Witterung** vertragen die Gräser eine **geringe Schnitthöhe** (Gebrauchs- und Strapazierrasen 3,5 cm; Zierrasen 2 cm). Bei **Wärme und Trockenheit** schneiden wir **höher**, da die Gräser sonst zu empfindlich werden (etwa 5 cm; Zierrasen 3–4 cm). Auch im Schatten dürfen wir nicht zu tief mähen (etwa 4,5 cm). Das Mähgut entfernen wir auf Rasenflächen wo es stört, z. B. auf Zier- und Sportrasen oder Liegeflächen im Schwimmbad. Auf vielen Flächen kann es liegen bleiben, wenn es nicht zu viel ist oder Klumpen gebildet hat.

Abb. 96: Sichelmäher

Beim **Sichelmäher** schlägt ein **waagerecht rotierendes Messer** die Grashalme in einer bestimmten Höhe ab. Es ist der gebräuchlichste Mähertyp für kleine Flächen. Sichelmäher gibt es als kleine, handgeführte Geräte, als Aufsitzrasenmäher für größere Flächen oder als Anbaugeräte für den Schlepper. Das Messer muss regelmäßig vom Fachmann geschärft werden, sonst fransen die Grashalme aus.

Beim **Walzen- oder Spindelmäher** dreht sich beim Vorwärtsfahren eine **Walze mit vielen Messern**. Eine **Gegenschneide** schneidet die Halme ab. Die Geräte sind teuer und die Messer schwierig zu schleifen. Sie liefern aber einen sehr sauberen Schnitt und das gleichmäßigste Schnittbild. Je nachdem, welche

Abb. 97: Spindelmäher

Abb. 98:
Balkenmäher

Abb. 99:
Motorsense

Mährichtungen man einhält, ergeben sich bestimmte Muster. Das ist im Fußballstadion gut zu sehen.

Balkenmäher gibt es als Anbaugerät für Einachsschlepper oder größere Schlepper. **Ein oder zwei Messerbalken** werden hin und her bewegt, klemmen dabei die Halme ein und schneiden sie ab, wie bei einer Heckenschere. Balkenmäher sind optimal für **hohes Gras**.

Der **Schlegelmäher** besitzt an einer Welle aufgehängte Schlegel. Es sind **frei hängende** gerade, gebogene oder Y-förmige **Messer**. Sie können Hindernissen wie Steinen **ausweichen**, bringen aber keine gute Schnittqualität. Man setzt sie an **Straßenrändern** oder zur Landschaftspflege ein. Oft zerkleinern spezielle Schlegel unter der Abdeckung das Gras so fein, dass es liegen bleiben kann. Diese Mähgeräte heißen **Mulchmäher**.

Abb. 100:
Schlegelmäher

Mit der **Motorsense** oder dem **Freischneider** mähen wir unzugängliche Stellen, Ränder von Rasenflächen, Rasen um Baumstämme und Böschungen. Mit der **Nylonschnur** schlagen wir dünne Halme ab. Bei dickeren Stängeln oder Gestrüpp bauen wir ein **Dickichtmesser** ein. Die Gurte stellen wir so ein, dass der Brustverschluss auf der Mitte der Brust glatt aufliegt und der Einhängehaken 10–15 cm unter dem Hüftknochen hängt. Die Öse am Führungsrohr verschieben wir so, dass das Messer, wenn wir die Sense loslassen, gerade über dem Boden schwebt. Die Handgriffe stellen wir so ein, dass wir bequem aufrecht und mit fast gestreckten Armen arbeiten können.

Düngen

Die Düngung richtet sich nach den Ergebnissen der Bodenproben. Das Besondere beim Rasen ist, dass er möglichst viele grüne Blätter bilden soll. Für die Bildung von Blattgrün ist hauptsächlich **Stickstoff** (N) nötig. Rasenspezialdünger sind deshalb „stickstoffbetont“ (z. B. Rasen-Floranid mit 20% N; 5% P, 8% K, 2% Mg und Spurenelementen). Bei **Stickstoffmangel** wird der Rasen schnell **gelb**. Wenn wir das Schnittgut vom Rasen entfernen, müssen wir regelmäßig Stickstoff düngen, damit der Rasen sattgrün bleibt. Landschaftsrasen, den wir mit dem Mulchmäher mähen, brauchen wir nicht zu düngen. Düngen wir zu viel Stickstoff, wird er **ausgewaschen** und gelangt ins **Grundwasser**. Damit das nicht passiert, düngen wir von April bis August regelmäßig kleine Stickstoffmengen. Oder wir verwenden langsam wirkende Langzeitdünger und sparen so Arbeitszeit.

Bewässern

Frisch angelegte Rasenflächen beregnen wir regelmäßig. In trockenen Sommern werden auch Zier- und Sportrasenflächen gegossen. Das Wasser muss mindestens **10 cm tief** in den Boden eindringen. Man verwendet meistens Kreis- oder Viereckregner. Bei Gebrauchsrasen und Parkplatzrasen ist eine Bewässerung eher selten. Landschaftsrasen wird nicht bewässert.

Vertikutieren

Vertikutieren heißt **„senkrecht schneiden“**. Diese Pflegemaßnahme ist nötig, wenn der Rasen durch Pflanzenreste **stark verfilzt** ist. Wasser und Luft können dann kaum noch in den Boden eindringen. Die Gräser wachsen nicht mehr gut. Wir vertikutieren vor einem Wachstumsschub im März/April oder später noch einmal im August/September. Die Rasenfläche sollte **gut abgetrocknet** sein. **Vorher mähen** wir auf 2 cm Höhe. Mit dem Vertikutierrechen ist das Schneiden sehr kraft- und zeitaufwendig. Besser geht es mit der **Vertikutiermaschine**. **Senkrecht stehende Messer** durchschneiden die Filzschicht und reißen sie ganz oder teilweise heraus. Sie dürfen nur **3 mm** in den Boden eindringen. Den herausgerissenen Rasenfilz rechen wir ab. Ein anschließendes **Besanden** des Rasens mit 2–3 l Sand/m^2 (Körnung 0/2 mm) verbessert die Wirkung des Vertikutierens. Wenn nach dem Vertikutieren große Lücken in der Grasnarbe sind, können wir nachsäen.

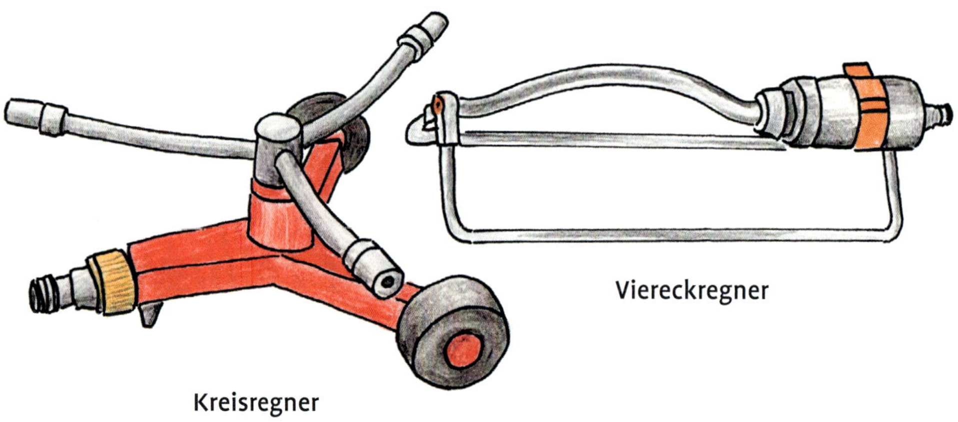

Abb. 101:
Kreis- und Viereckregner

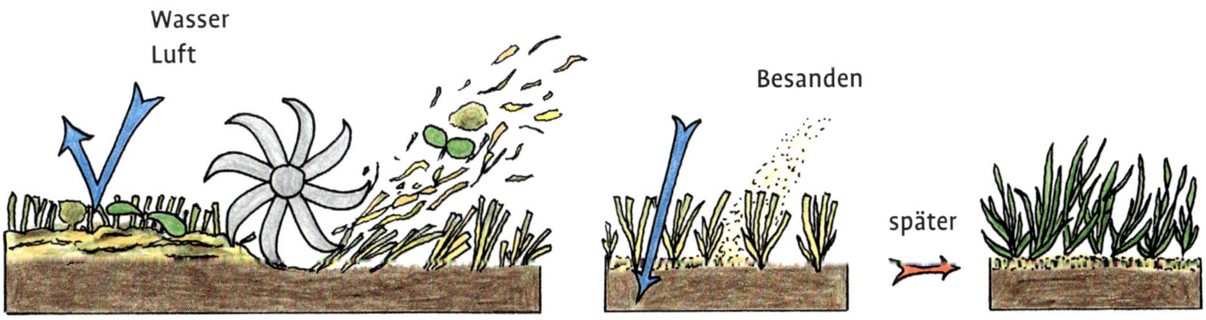

Abb. 102:
Vertikutieren

Aerifizieren

Aerifizieren bedeutet **belüften**. Dabei beseitigen wir Bodenverdichtungen im Wurzelbereich der Gräser. Entweder wir schneiden mit **Schlitzmessern 10 cm** tief in den Boden oder wir machen mit Nagelwalzen, Hohlwerkzeugen (Spoons) oder der Grabgabel **mindestens 5 cm tiefe Löcher** in den Boden (200 Löcher/m^2, 1 cm Durchmesser). Die Spoons (gesprochen: Spuhns) holen die Erdkerne aus dem Boden heraus. Bei schweren Böden entfernen wir sie von der Rasenfläche, danach können wir besanden.

Entfernen von Laub und Unrat

Bei Zier-, Gebrauchs- und Strapazierrasen entfernen wir größere Laubmengen im Herbst. Unter dem Laub bekommen die Gräser kein Licht, über Winter faulen sie eventuell. Auch Unrat wie **Glasflaschen, Plastikflaschen und Blechdosen** sammeln wir ab. Glasscherben sind gefährliche **Unfallquellen** beim Mähen. Laub und Unrat können wir mit der **Rasenkehrmaschine** entfernen. Kleinere Laubmengen werden beim Mähen problemlos mit aufgenommen. Laubsauger sind wegen der Lärmbelästigung, des Energieverbrauches und der Vernichtung von Kleinlebewesen sehr umstritten.

Abb. 103:
Spoons

Abb. 104:
Aerifizieren

4 Ausbesserungsarbeiten

Schadhafte Stellen stechen wir mit dem Spaten oder Kantenstecher rechteckig aus. Wenn möglich besorgen wir uns ein Rasenstück gleicher Größe und legen es auf die kahle Stelle. Bei der Rasenreparatur durch Ansaat füllen wir die Lücke mit guter Erde auf, säen Rasen ein, walzen leicht an und bewässern die Stelle. Wenn wir **Rasenkanten** ausbessern, legen wir an den Rand ein unbeschädigtes Rasenstück. Die dahinter entstandene Lücke füllen wir mit Erde und säen dann an.

Bei **Unebenheiten** stechen wir mit dem Spaten oder Kantenstecher kreuzförmig in den Rasen. Wir schälen die Rasensode ab, wo sich die Unebenheit befindet und klappen sie auf. Nun entfernen wir bei Erhöhungen überschüssige Erde oder füllen bei Vertiefungen Erde auf. Dann klappen wir die Rasensoden wieder zu, walzen sie fest und bewässern. Kleinere **Vertiefungen** können wir durch mehrmaliges leichtes Auffüllen der Mulde mit guter Erde beseitigen. Die Gräser wachsen durch dünne Erdschichten schnell hindurch.

5 Rasenprobleme

Die Ausbreitung von **Moos** hat folgende Ursachen:

- **Nährstoffmangel** der Gräser,
- **Lichtmangel** (schattige Lage des Rasens),
- **Staunässe** durch Bodenverdichtung.

Wir **beseitigen** möglichst alle diese **Ursachen**, vertikutieren kräftig und säen **geeignete Gräser** nach. Wenn das Gras sich wohl fühlt und kräftig wächst, hat Moos keine Chance mehr.

Manche **Wildkräuter** vertragen den regelmäßigen Schnitt problemlos und können sich zwischen den Gräsern gut behaupten. Einige verdrängen die Gräser sogar. Dazu gehören **Löwenzahn, Gänseblümchen, Breit-Wegerich und Weiß-Klee**. Selten verwendet man Herbizide. Man sticht entweder mit dem Unkrautstecher die unerwünschten Pflanzen heraus oder man erträgt einen gewissen Besatz mit Wildkräutern. Weiß-Klee sammelt mit seinen Knöllchenbakterien Stickstoff, sodass man weniger Dünger braucht. Außerdem sehen einige Wildkrautblüten im Rasen sehr schön aus.

Abb. 105:
Wildkräuter im Rasen

Abb. 106:
Tierische Schädlinge im Rasen

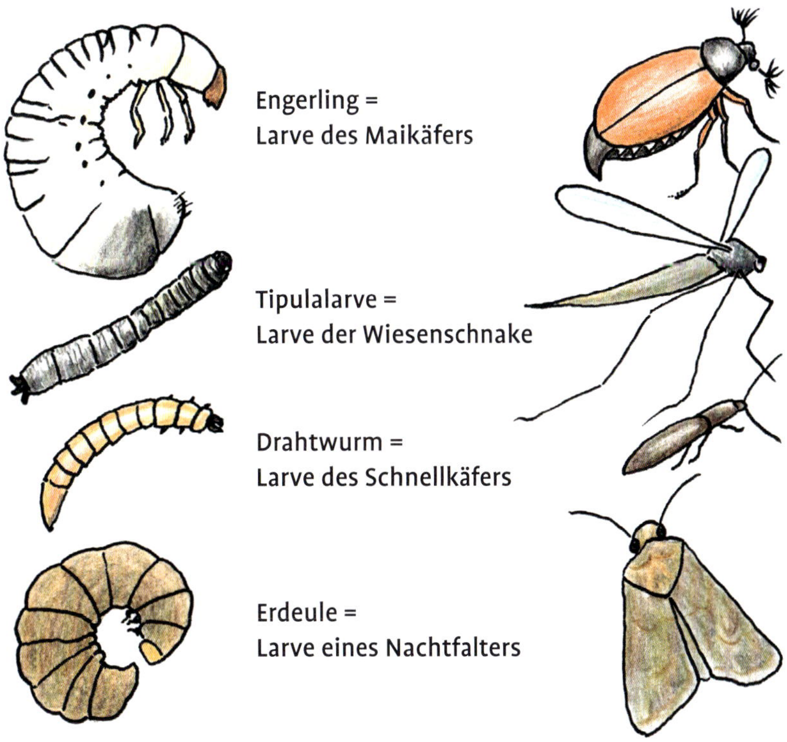

Pilzkrankheiten befallen hauptsächlich schwache Graspflanzen. Sie werden gefördert durch hohe Luft- und Bodenfeuchte, falsche Düngung, Rasenfilz und zu wenig Licht. Chemische Mittel verwendet man selten. Wir versuchen vielmehr den Rasen durch **gute Pflege** gesund zu erhalten. Dazu gehört eine **ausgewogene Düngung**, nicht zu viel, nicht zu wenig und zur richtigen Jahreszeit. Wir **mähen** nicht zu hoch, nicht zu tief und in den richtigen Zeitabständen. Auch **Vertikutieren, Aerifizieren** und die Verwendung **resistenter, widerstandsfähiger Gräsersorten** sind geeignete Maßnahmen.

Tierische Schädlinge schädigen die Gräser, indem sie ihre **Wurzeln fressen**. Aus Umweltgründen ist es kaum vertretbar, großflächig Pflanzenschutzmittel auszubringen. Gegen die Larven der Kohlschnake (Tipulalarven) kann man nützliche Nematoden einsetzen.

Vögel und **Maulwürfe** suchen nach Würmern und Larven. Sie vertilgen sehr viele Schädlinge, zerwühlen dabei jedoch den Rasen. Der Maulwurf **steht unter Naturschutz** und **darf nicht getötet werden**.

J Pflanzarbeiten

1 Pflanzzeiten

Container- oder Topfpflanzen kann man **das ganze Jahr über** pflanzen, **außer bei Frost.**

Bei wurzelnackten und Ballenpflanzen verletzen wir beim Verpflanzen immer Wurzeln. Wir pflanzen sie deshalb in einer Zeit, in der sie wenig Wasser verdunsten. **Laubabwerfende Gehölze** pflanzen wir, wenn sie **unbelaubt** sind. **Immergrüne** Gehölze pflanzen wir, **wenn sie nicht treiben**.

2 Bodenvorbereitung

Zunächst entfernen wir **Abfälle, große Steine, Baumstrünke** und Ähnliches. Dann graben wir die Wurzeln und Rhizome der **Wurzelunkräuter** (Seite 86) mit der Grabgabel sorgfältig aus. Mit dem Spaten würden wir sie zerstückeln und könnten sie nicht vollständig aus dem Boden entfernen. **Samenunkräuter** (Seiten 85 und 86) entfernen wir mit der Hacke.

Zum anschließenden **Umgraben, Lockern, Grobplanieren** und **Feinplanieren** gibt es verschiedene Geräte die auf Seite 45 näher beschrieben sind. Schwerer Boden darf bei der Bearbeitung nicht zu nass sein.

Vor der Pflanzung verbessern wir den Boden bei Bedarf mit **Humus.** Nach einer Bodenprobe können wir entscheiden, ob und wie viel wir düngen.

3 Lieferformen von Pflanzen

Am preiswertesten sind **„wurzelnackte“ Pflanzen.** Ihre Wurzeln liegen vollkommen frei. **Ballenpflanzen** werden mit Erdballen ausgegraben, dabei werden immer Wurzeln verletzt. Ein Ballentuch, bei großen Gehölzen zusätzlich ein Drahtgeflecht, halten den Ballen zusammen. **Containerpflanzen** sind im Topf herangewachsen und werden mit Topf verkauft und geliefert. Ab zwei Liter Inhalt heißen Blumentöpfe Container.

Bei der **Pflanzenlieferung kontrollieren** wir, ob das Richtige geliefert wurde. Dazu müssen wir verschiedene Fachausdrücke und Abkürzungen kennen, die auf den **Etiketten** benutzt werden.
Einige Beispiele sind:

- Hei, 2xv, 200–250: Heister (hat einen durchgehenden Hauptspross mit seitlichen Austrieben), zweimal verpflanzt, Höhe 200 bis 250 cm;
- mTb, 60–100: mit Topfballen (Pflanze im Container), Höhe 60 bis 100 cm;
- H, 3xv, mDb, StU 10–12: Hochstamm, dreimal verpflanzt, mit Drahtballen, Stammumfang 10–12 cm.

Bei der Lieferung überprüfen wir, ob wir die richtigen Pflanzen in der richtigen Anzahl und Qualität, ohne sichtbare Krankheiten und Schädlinge und ohne Transportschäden erhalten haben. Zum Überprüfen der Qualität müssen wir die **Gütebestimmungen** und **Qualitätsnormen** für die jeweiligen Pflanzen kennen. Mit unserer Unterschrift bestätigen wir, dass wir die Ware ordnungsgemäß erhalten haben.

Abb. 107:
Lieferformen von Pflanzen

Wurzelnackte Pflanze

Ballenpflanze

Containerpflanze

Wurzelnackte Pflanzen und Ballenpflanzen pflanzen wir sofort. Wenn das nicht möglich ist, lagern wir sie **windgeschützt, kühl** und **schattig**. Sie dürfen **nicht austrocknen**, überhitzen oder gefrieren. Wir decken sie sorgfältig mit feuchtem Sackleinen ab. Für Ballenpflanzen eignen sich auch Strohmatten. Wenn die Pflanzen **länger als zwei Tage** liegen, **schlagen wir sie ein**. Dazu heben wir einen Graben aus, legen die Pflanzen einzeln hinein, bedecken die Wurzeln mit lockerer Erde, treten sachte an und wässern durchdringend. Gärtner sagen **einschlämmen**, weil dabei Erde an die Wurzeln gespült wird. **Containerpflanzen** sind es gewohnt, im Topf zu stehen und ab und zu den Standort zu wechseln. Wir müssen sie **regelmäßig gießen**. Abdecken und Einschlagen ist nur bei einsetzendem Frost notwendig.

Abb. 108:
So lagern wir wurzelnackte Pflanzen.

bis zu zwei Tagen unter Sackleinen

längere Zwischenlagerung im Einschlag

4 Pflanzung

Ausheben des Pflanzlochs

Wir heben das **Pflanzloch 1,5-mal so tief und breit** aus, wie der Ballen oder die Wurzel groß ist. Dabei lagern wir Ober- und Unterboden getrennt (siehe Seite 48). Wenn nötig, lockern wir Wände und Sohle des Pflanzlochs mit der Grabgabel. Die Wurzeln können dann leichter in den umgebenden Boden wachsen; erst dann wird das Gehölz richtig fest stehen. An staunassen Stellen lockern wir die wasserundurchlässige Bodenschicht, damit überschüssiges Wasser versickern kann.

Pflanzschnitt

Der Pflanzschnitt braucht Erfahrung. Die wichtigsten Regeln sind:

- **Scharfe Werkzeuge** benutzen, weil sonst die Wundränder ausfransen und schlecht verheilen.
- **Wurzeln so wenig wie möglich** schneiden, **kranke** und **verletzte** Teile abschneiden, **zu lange** Wurzeln kürzen.
- Bei Containerpflanzen **Wurzelballen auflockern**; Pflanzen, die zu lange im Container gewachsen sind, haben oft verdrehte, in sich verschlungene Wurzeln, die man vorsichtig entwirren und bei Bedarf kürzen muss.
- Bei Ballen- und Containerpflanzen: nur **kranke, abgeknickte**, sich **kreuzende**, zu **dicht** stehende oder nach **innen wachsende Sprosse** und **unerwünschte Konkurrenztriebe** entfernen.
- Bei wurzelnackten Pflanzen: **Gleichgewicht zwischen ober- und unterirdischen Pflanzenteilen** wieder herstellen, deshalb Zweige je nach Wurzelverlust entsprechend zurückschneiden oder auslichten, dabei die typische Wuchsform erhalten.
- Heckenpflanzen, Rosen und Obstgehölze zurückschneiden, Schnitt immer **knapp über einer Knospe** mit einem schrägen Schnitt meist auf nach außen stehende Knospen (siehe Abbildung 122).
- **Wundränder glatt schneiden**.
- **Schnittgut entfernen**, damit sich keine Krankheiten ausbreiten können.

Bei wurzelnackten Pflanzen ist das **Wässern vor der Pflanzung** unbedingt nötig. Ballen- und Containerpflanzen werden durch das Wässern schwer, sodass der Gärtner in der Praxis oft darauf verzichtet. Völlig ausgetrocknete Ballen dürfen wir aber auf keinen Fall pflanzen, da das Wasser nur langsam in ganz trockene Wurzelbereiche eindringt.

Abb. 109:
Richtig pflanzen ist wichtig.

Einsetzen der Pflanzen

Bei wurzelnackten Pflanzen bringen wir die **Wurzeln in ihrer natürlichen Lage** ins Pflanzloch. Beim Einfüllen der Erde **rütteln** wir die Pflanze immer wieder leicht, damit sich die Hohlräume zwischen den Wurzeln mit Erde füllen. Bei Ballenpflanzen bringen wir so viel Erde unter den Ballen, dass er auf die richtige Höhe kommt. **Ballentücher und Drähte schneiden** wir **auf**, damit sie später nicht in die Rinde einwachsen. Sie verrotten im Boden. Containerpflanzen topfen wir vorsichtig aus oder schneiden den Folienbeutel weg. In der Regel pflanzen wir so hoch, wie die Pflanzen vorher in der Baumschule gestanden haben. Dabei bedenken wir, dass die Erde im Pflanzloch sich samt der Pflanze noch etwas setzt. **Veredelungsstellen** müssen – außer bei Rosen – knapp **über der Erde** sitzen.

Zum Verfüllen nehmen wir zunächst den **Unterboden**, den wir **mit mineralischen Zuschlägen verbessern** können. Ganz unten in ein tiefes Pflanzloch dürfen wir keinen Humus einbringen. Er würde faulen. Oben verfüllen wir mit **Oberboden**, den wir je nach Pflanzenart entsprechend **mit Kompost verbessern** können. Wenn wir zu viel Kompost untermischen, wachsen die Pflanzen zu stark und werden krank. Außerdem kann der sogenannte **„Blumentopfeffekt“** auftreten. Die Wurzeln bleiben dann lieber im Pflanzloch, weil die Erde dort so gut ist. Sie bekommen keinen festen Stand.

Bei großen Pflanzen beginnen wir schon mit dem **Einschlämmen**, bevor das Pflanzloch ganz gefüllt ist. Die Erde soll dabei an die Wurzeln schwimmen. Wir achten beim Verfüllen darauf, dass der Baum gerade steht. Vorsichtig treten wir die Erde ringsherum an, bilden einen **Gießrand** aus und **gießen durchdringend** an. Für größere Hochstämme brauchen wir etwa 50–100 Liter Wasser pro Pflanze. Bei Stauden und Beetpflanzen reicht ein Liter; sie brauchen keinen Gießrand. Das **sorgfältige Angießen** nach der Pflanzung ist für das **Überleben der Pflanzen sehr wichtig**.

Abb. 110:
Für Heckenpflanzen heben wir einen Graben aus. Wir schneiden zurück. Wir gießen auch bei Regen an.

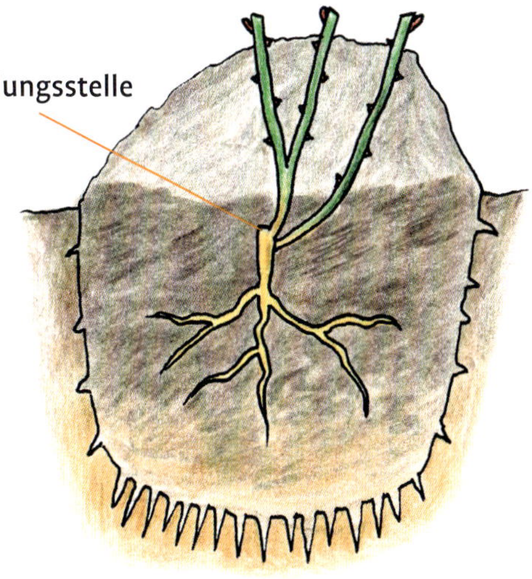

Abb. 111:
Wurzelnackte Rosen wässern wir vor der Pflanzung 2–3 Stunden. Wildrosen setzen wir 5 cm tiefer als vorher. Bei veredelten Rosen setzen wir die Veredlungsstelle 4 cm unter die Erdoberfläche, damit sie besser vor Frost geschützt ist. Nach dem Einschlämmen häufeln wir an, damit die Triebe nicht austrocknen oder erfrieren. Beim Austrieb im April/Mai häufeln wir ab.

Abb. 112:
Kletterpflanzen pflanzen wir schräg und leiten sie mit dem Stab zur Kletterhilfe. Clematis setzen wir tiefer als in der Baumschule, da sie an den Trieben leicht Wurzeln bilden. Sie lieben „kühle Füße".

Abb. 113:
Blumenzwiebeln und Knollen drücken wir bei lockerer Erde einfach in den Boden. Bei festerem Boden können wir einen Blumenzwiebelpflanzer oder Handspaten verwenden. Zwiebeln pflanzen wir mit der Spitze nach oben. Abgeflachte Knollen haben oben mehrere kleine Erhöhungen, die Triebspitzen. Diese müssen nach oben zeigen. Winzige Wurzelreste zeigen immer nach unten.
Als Faustregel gilt:
Pflanztiefe gleich etwa zweimal Zwiebelgröße.

5 Sicherung und Schutz der Gehölze

Frisch gepflanzte Gehölze sollen in Ruhe einwurzeln. Neue Wurzeln sind zunächst sehr zart. Damit sie nicht immer wieder abreißen, wenn der Wind an der Pflanze rüttelt, binden wir die Gehölze fest. Ein **senkrechter oder schräger Pfahl** eignet sich für wurzelnackte kleine Hochstämme. Wir schlagen ihn **vor dem Pflanzen** ins Pflanzloch. Für kleine Hochstämme mit Ballen können wir **ein oder zwei Senkrechtpfähle** neben dem Ballen einschlagen. Wir dürfen die **Pfähle nie durch den Ballen schlagen**, weil wir dabei die Wurzeln verletzen würden. Für kleinere Ballenpflanzen eignet sich ein **Schrägpfahl**. Große Hochstämme oder Bäume in windigen Lagen sichern wir mit stabilen **Drei- oder Vierböcken**.

Beim Anbinden beachten wir folgende Regeln:

- Pfahl oder Pfähle **standfest** (mindestens **30 cm** tief) **in den ungelockerten Boden** einschlagen, Schrägpfahl mindestens 50 cm.
- Senkrechtpfahl auf der Seite der Hauptwindrichtung einschlagen, Schrägpfahl mit dem Kopf gegen die Hauptwindrichtung. Bei uns kommt starker **Wind** hauptsächlich **aus Westen**, am Straßenrand jedoch eher von der Straße her.
- Die Verbindung zwischen Pfahl und Pflanze darf die **Rinde nicht einschnüren oder verletzen**. **Kokosstricke** oder **Baumbänder** sind gut geeignet. Sie dehnen sich leicht und schnüren deshalb die Rinde nicht ein.
- Bindematerial am Pfahl mit einer **Krampe** oder einem **Dachpappennagel** befestigen, damit nichts nach unten rutscht.
- Große Hochstämme etwa **1–3 Handbreiten unterm Kronenansatz** anbinden. Der Pfahl muss 10–25 cm unter dem Kronenansatz enden.

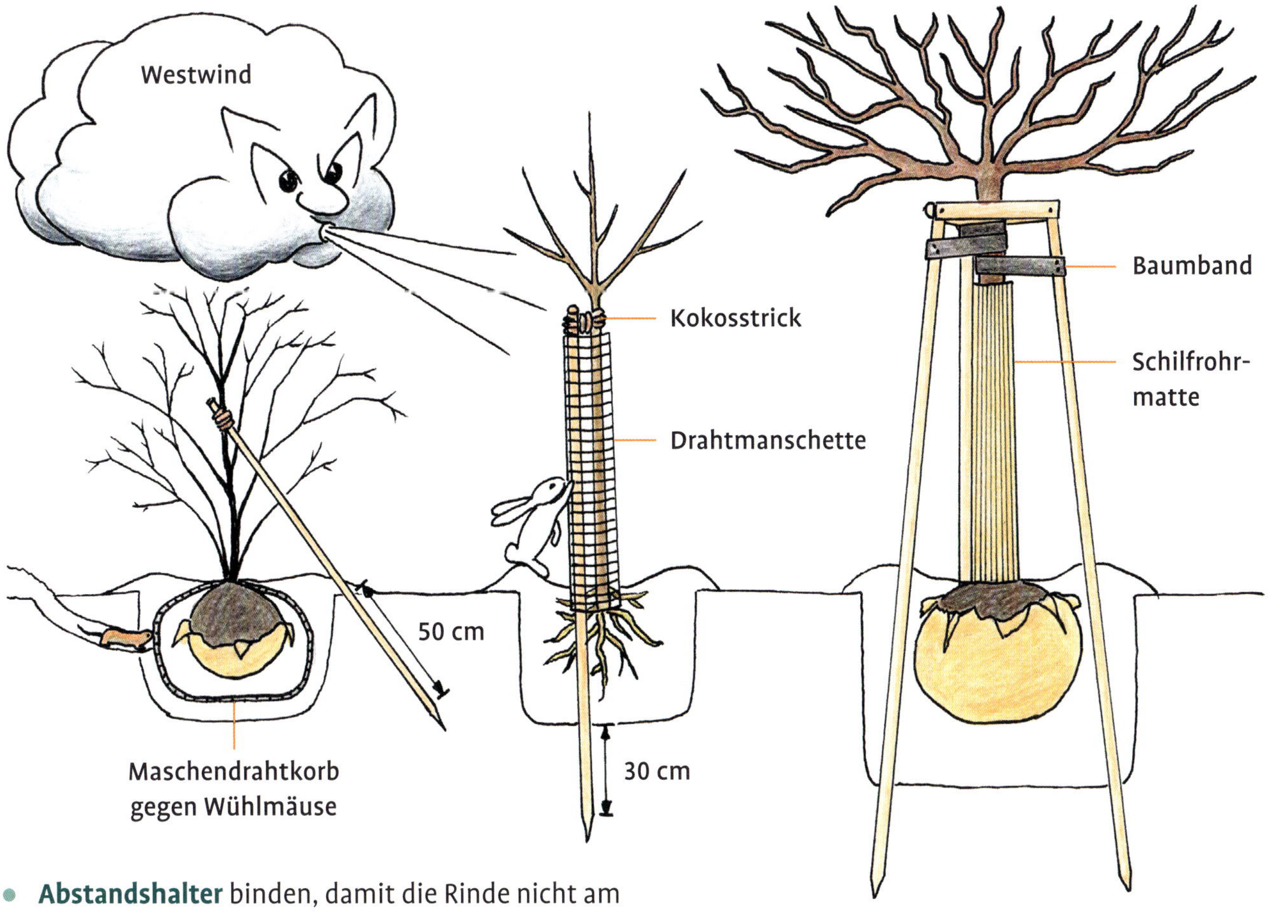

- **Abstandshalter** binden, damit die Rinde nicht am Pfahl scheuern kann.
- Bindung vom Stamm weg, leicht nach unten in Richtung Pfahl, weil sich die aufgelockerte Erde des Pflanzloches im Lauf der Zeit setzt.
- Die Bindung soll nicht zu straff sein, darf aber auch nicht durchhängen.

Abb. 114:
Schrägpfahl, Senkrechtpfahl und Dreibock

Rehe, **Hasen** oder **Feldmäuse** fressen gern die Rinde der jungen Gehölze. Wir schützen den Stamm deshalb mit **Draht- oder Kunststoffmanschetten** vor **Wildverbiss**. Bei Pflanzungen in freier Landschaft können wir Greifvogel-Sitzstangen aufstellen. Dort können die großen Vögel bequem sitzen und nach Mäusen Ausschau halten. Wenn sie sich auf die frisch gepflanzten Bäume setzen würden, würden die Triebe leicht abknicken.

Im Spätwinter hat die Sonne schon Kraft. Sie scheint kräftig auf die Baumstämme und erwärmt sie auf einer Seite, während die andere Seite gefroren ist. Dadurch kann die Rinde aufreißen. Man nennt das **Frostriss**. Zum Schutz vor Frostrissen umwickeln wir die Stämme mit **Schilfrohr- oder Bambusmatten**. Auch helle Schutzanstriche mit Wildverbissmittel helfen.

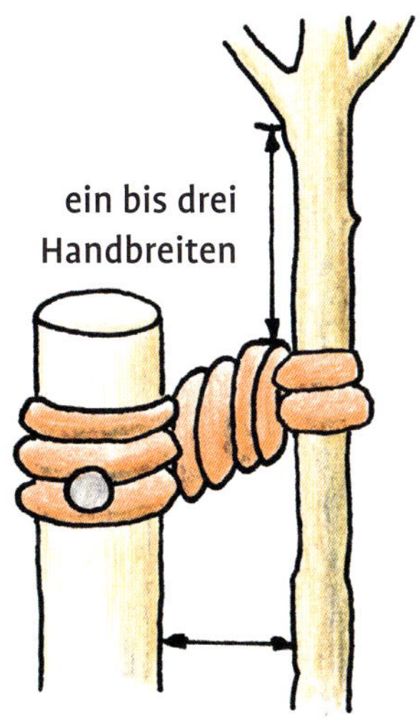

Abb. 115:
„Abstandshalter“

Wir müssen sie jedes Jahr erneuern. Dafür können wir Stammschädlinge leichter entdecken als unter den Matten.

Zum Abschluss der Pflanzarbeiten können wir zwischen den Gehölzen **mulchen**, das heißt den Boden bedecken. Dazu verwendet der Gärtner **Rindenmulch, Holzhäcksel, Grasschnitt, Stroh, spezielle Mulchplatten** oder manchmal auch **Steine**. Mulchen unterdrückt Unkraut. Es schützt den Boden vor Austrocknung und Erosion und die Pflanzfläche sieht ordentlich aus. Wenn wir mit Material mulchen, das viel Kohlenstoff enthält (Rinde, Holz, Stroh), verbraucht das Bodenleben zuerst viel Stickstoff. Die Pflanzen bekommen in dieser Zeit leicht Stickstoffmangel (gelbe Blätter). Wir gleichen das durch eine zusätzliche N-Düngung unter dem Mulchmaterial aus.

6 Fertigstellungspflege

Mit Abschluss der Pflanzarbeiten ist die Arbeit des Landschaftsgärtners in der Regel nicht erledigt. Es folgt die **„Fertigstellungspflege"**. Bei trockenem Wetter gießen wir frisch gesetzte Pflanzen regelmäßig und halten die Gießränder intakt. Wir jäten Unkraut und kontrollieren auf Schädlings- oder Krankheitsbefall, schneiden trockene, kranke oder beschädigte Pflanzenteile ab, entfernen Wildtriebe und überprüfen die Verankerungen. Zu fest sitzende Stricke, Baumbänder oder Etiketten lockern wir. Wenn man sieht, dass die Gehölze und Stauden angewachsen sind, meist im Herbst nach einer Vegetationsperiode, nimmt der Auftraggeber im Beisein des Auftragnehmers die Pflanzung ab.

Abb. 116:
Bindung am Dreibock

Abb. 117:
Rindenmulch

Abb. 118:
Greifvogelsitzstange

K Pflege

1 Unkrautbekämpfung

Unkräuter sind **keine schlechten Pflanzen**. Ihr einziger Fehler ist, dass sie dort wachsen, wo der Gärtner sie nicht haben will. So wird zum Beispiel ein Ahornsämling im Lavendelbeet oder in der Dachbegrünung zum Unkraut. Bestimmte **Wildkräuter** vermehren sich in Gartenanlagen besonders schnell und werden oft lästig. Sie können aber auch nützlich für uns sein:

- **Zeigerpflanzen** sind Wildkräuter, die auf bestimmten Böden wachsen. Löwenzahn, Vogelmiere und Brennnessel wachsen auf nährstoffreichen Böden. Kriechender Hahnenfuß und Huflattich zeigen Staunässe und Verdichtung an. Breit-Wegerich weist auf oberflächliche Verdichtungen hin.
- Viele Wildkräuter sind **Heilpflanzen**.
- Wildkräuter bieten **Nahrung für Tiere**. Die Brennnessel ernährt viele Insektenarten, darunter auch die Raupen schöner Schmetterlinge wie Kleiner Fuchs oder Tagpfauenauge. Im Frühling bieten die ersten Unkrautblüten Nektar und Pollen für Insekten, die aus dem Winterschlaf erwachen, z. B. für die nützlichen Marienkäfer und Florfliegen.
- Unter Wildkräutern bildet sich **Schattengare** und der Boden ist **vor Erosion geschützt**.

Abb. 119:
Samenunkräuter

Warum bekämpfen wir Unkräuter?

- Unkräuter nehmen den von uns gewünschten Pflanzen **Licht, Nährstoffe, Wasser** und **Platz** weg. Mit der Zeit würden sie Gartenanlagen, Wege und Plätze komplett überwuchern.
- In gepflegten Gartenanlagen wirken Wildkräuter **störend**.

Wie bekämpfen wir Unkräuter?
Samenunkräuter sind kurzlebig, bilden aber rasch Tausende von Samen. Sie vermehren sich **nur durch Samen**. Wir können sie **abhacken und liegen lassen**. Sie wachsen aus der Wurzel nicht nach. Wir bekämpfen sie, **bevor sie Samen bilden**. Das spart in den Jahren danach viel Arbeit. Vogelmiere, Franzosenkraut, Hirtentäschel, Melde und Gänsefuß sind typische Samenunkräuter. Auch einige Sommerblumen wie die Ringelblume säen sich stark aus.

Auch die langlebigen **Wurzelunkräuter** bilden Samen, aber lästig werden sie vor allem durch ihre Wurzeln und Rhizome. Wenn wir Wurzelunkräuter abhacken, treiben sie wieder aus. Wir müssen sie also ganz **ausgraben oder ausstechen**. Löwenzahn, Acker-Kratzdistel und Ampfer haben eine tiefe Pfahlwurzel. Quecke, Schachtelhalm, Acker-Winde, Große Brennnessel und Giersch durchziehen den Boden mit ihren Wurzeln und Rhizomen. Jedes Wurzel- oder Rhizomstück, das beim Jäten im Boden bleibt, treibt wieder aus. Nach dem Fräsen vermehren sich Quecke und Giersch oft schlagartig.

Gehölzsämlinge wie Ahorn, Kirsche oder Birke ziehen wir samt Wurzel heraus, solange es noch möglich ist. Auch Brombeeren und Himbeeren müssen mit Wurzeln aus dem Boden, fräsen überleben sie in der Regel nicht.

Niedrige Unkrautbestände hacken wir **bei sonnigem Wetter**. Die Unkräuter können dann liegen bleiben und sind am nächsten Tag so welk, dass sie nicht mehr anwachsen.

Hohe Unkrautbestände machen **viel Arbeit**. Wir erobern die Beete zurück, indem wir die Unkräuter **herausreißen**. Schwere Böden lockern wir vorher mit der

Abb. 120:
Wurzelunkräuter

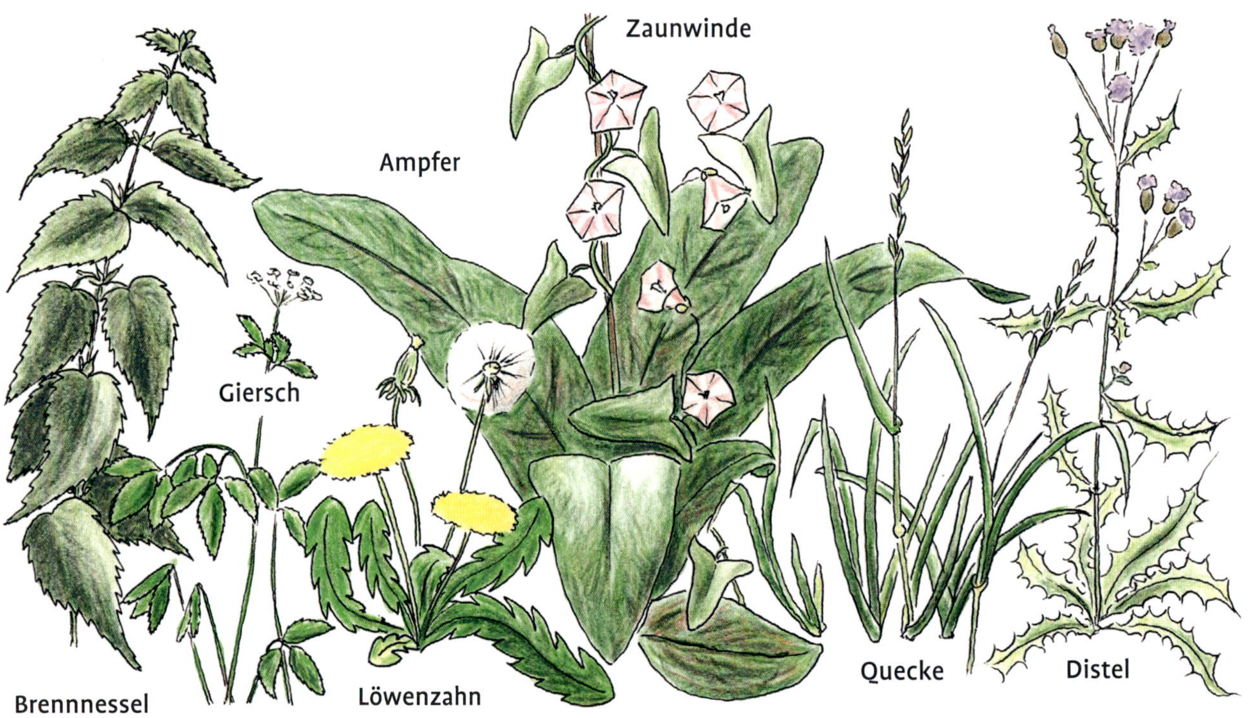

Grabgabel. Wir fahren das Unkraut weg, denn es ist voll mit Samen und die Unkrautmassen trocknen so langsam, dass viele Pflanzen wieder anwachsen würden.

Beim **Abflammen** halten wir einen Gasbrenner auf die Pflanzen. Sie müssen nicht schwarz werden und verkohlen. Schon lange vorher sind die Zellen so geschädigt, dass die Pflanzen bald absterben. Abflammen ist vor allen Dingen auf Wegen und Plätzen eine prima Sache. Allerdings werden die unterirdischen Teile der tief wurzelnden Unkräuter nicht vollständig zerstört.

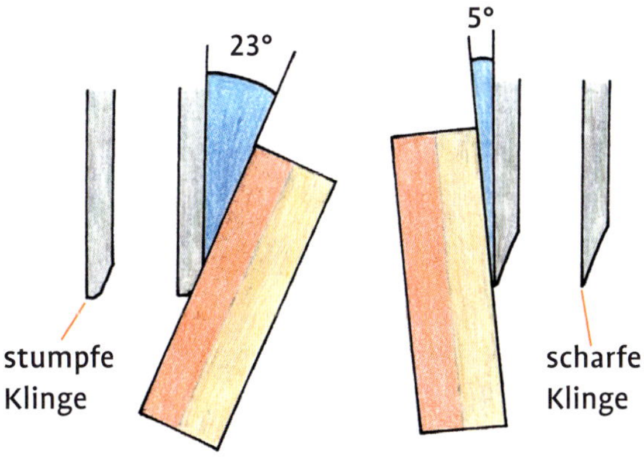

Abb. 121:
Schärfen einer einseitig geschliffenen Klinge

2 Schnitt von Gehölzen

Einen guten Gärtner erkennen wir daran, dass seine Scheren, Messer und Sägen scharf und **desinfiziert** sind. Mit **scharfen Werkzeugen** können wir schneller, genauer und mit weniger Kraftaufwand arbeiten. Außerdem werden die Pflanzen beim Schnitt nicht gequetscht. Die **Wunden** können **schneller heilen**.

Wie schärfen wir eine Baumschere?
Wir bewegen den **nassen Schleifstein mit Druck** in **kreisenden Bewegungen** über die Schneidkante. Dabei halten wir genau den **richtigen Winkel**. Bei vielen Baumscheren ist ein Winkel von 23 Grad gebräuchlich. Wenn wir einen kleineren Winkel nehmen, wird die Klinge zwar sehr scharf, verbiegt sich aber bei Belastung leicht und wird schnell stumpf. Messer können wir bis zu einem Winkel von 12 Grad schärfen. Wenn der Stein trocken oder schmutzig wird, spülen wir ihn mit Wasser. Einseitig geschliffene Klingen schleifen wir einseitig. Zweiseitig geschliffene Klingen schärfen wir von beiden Seiten. Meist müssen wir ein paar Minuten schleifen, bei sehr stumpfen Scheren kann es auch eine viertel Stunde dauern. Einseitig geschliffene Klingen drehen wir am Schluss um und ziehen den **Grat** mit einem Schleifwinkel von 5 Grad ab. Wenn wir gut geschliffen haben, schneidet die Schere jetzt Papier. Ab und zu sollten wir die Schere auseinanderbauen, säubern, richtig einstellen und ölen.

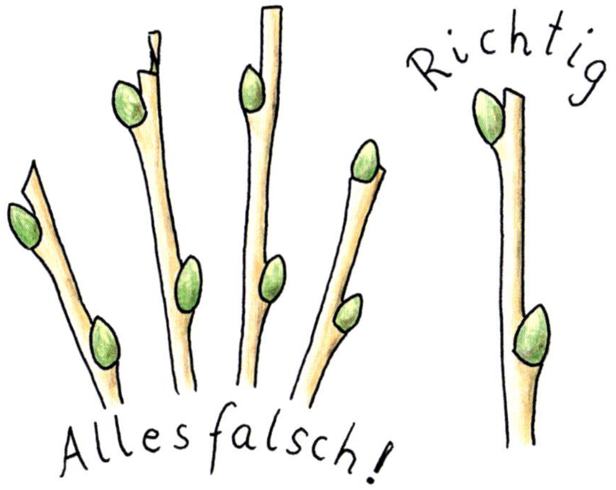

Abb. 122:
Rückschnitt eines jungen Zweiges

Was ist bei jedem Gehölzschnitt wichtig?
Bei **Dauerfrost schneiden** wir **nicht**. **Kranke, tote, gebrochene, beschädigte, sich kreuzende oder reibende Äste entfernen** wir, damit sich keine Krankheiten ausbreiten. **Nach innen wachsende Äste, Konkurrenztriebe** oder **zu dicht stehende Äste** schneiden wir weg. Falls wir junge Zweige zurückschneiden, schneiden wir **knapp oberhalb einer Knospe**, die kräftig austreiben soll. Für den Wuchs ist es meist günstig, wenn diese Knospe **nach außen** zeigt.

Jedes Gehölz will **auf bestimmte Art und Weise** und **zur richtigen Jahreszeit** geschnitten werden. Es gibt extra Fachbücher darüber. In der Regel müssen wir die **natürliche Wuchsform** kennen und erhalten. Betrachten wir ein paar typische Kundenwünsche Ende Februar, damit wir nicht ganz ahnungslos sind.

Abb. 123:
Kundenwunsch 1: Der Strauch soll kleiner sein.

Kundenwunsch 1

Möglichkeit 1: Ahnungslose Gärtner säbeln den Strauch in 2 m Höhe ab. Das ist falsch. Wenn wir **senkrechte Äste zurückschneiden**, wachsen aus den Knospen darunter lauter neue Triebe. **Je stärker wir zurückschneiden, desto heftiger wächst die Pflanze wieder nach.** Wir bekommen viele lange, eng stehende **Wasserschosse**. Die Pflanze wird höher als sie vorher war und verliert ihren natürlichen Wuchs.

Möglichkeit 2: Kluge Gärtner beraten den Kunden. Man kann Haselnusssträucher **etwa 10 cm über dem Boden absägen**, dann treiben sie neu aus. Man nennt das **auf den Stock setzen**. Die frischen Schosse lichten wir im folgenden Jahr aus, damit jeder genug Licht bekommt und nicht nach oben geilt. Vorsicht! Nicht alle Gehölze treiben wieder aus, wenn wir sie ganz abschneiden.

Möglichkeit 3: Wir können den Strauch **auslichten** und die hohen Triebe **ableiten**. Auslichten bedeutet, dass wir ganze Äste ganz unten absägen. Ableiten bedeutet, dass wir in einer Astgabel einen von beiden Trieben herausnehmen. Der Ast, der stehen bleibt, ist der Zugast. Er muss so dick sein, dass die Wunde gut verheilt. Die Pflanze macht nach dem Ableiten weniger Wasserschosse als nach dem Zurückschneiden. Im folgenden Jahr entfernen wir die Wasserschosse. So können wir viele Gehölze **etwas in der Höhe begrenzen**. Aus großen Pflanzen können wir jedoch durch Schnitt keine kleinen Pflanzen machen. Ganz hoffnungslos ist der Fall, wenn die Pflanzen zu wenig Licht bekommen und deshalb nach oben geilen.

Kundenwunsch 2

Möglichkeit 1: Ahnungslose Gärtner sägen den Ast einfach ab. Dabei kann der Ast ausbrechen und eine große Wunde entstehen. Die Birke blutet und stirbt später vielleicht (Abb. 125).

Möglichkeit 2: Wir erklären dem Kunden, dass wir **stark blutende Bäume** wie Ahorn, Birke oder Walnuss **im Spät-Sommer** schneiden. Schnittwunden verheilen bei jedem Gehölz im Sommer besser, deshalb verlegen wir das **Absägen dicker Äste** bei jedem Gehölz grundsätzlich in den Spät-Sommer. Äste über 5 cm Durchmesser sägen wir möglichst nicht ab. Wenn wir Äste über 10 cm Durchmesser absägen, kann der Baum die Wunde oft nicht mehr verschließen und geht langsam daran zu Grunde.

Schwere Äste sägen wir **zuerst in einiger Entfernung vom Stamm** ab, damit sie nicht ausreißen. Dann sägen wir versetzt erst von unten, dann von oben. Wir sägen relativ **nah am Stamm**, machen aber die **Wunde nicht unnötig groß** und lassen **nie Zapfen** stehen. **Ausgefranste Sägeränder** schneiden wir mit einem **scharfen Messer** nach.

Abb. 124:
Kundenwunsch 2: Ein großer Ast soll weg.

Abb. 125:
So macht man es nicht.

Abb. 126:
So sägt man einen dicken Ast richtig ab.
Bevor Anton einen Sonnenbrand bekommt, zieht er sein T-Shirt wieder an.

Kundenwunsch 3

Bei manchen Sträuchern ist nur die junge Rinde farbig. Wir schneiden Pflanzen, bei denen **Wasserschosse erwünscht** sind, **jedes Jahr im Spätwinter** bis **fast zum Boden** zurück. Bei Kopfbäumen lassen wir einen Stamm stehen.

Abb. 127 a:
Kundenwunsch 3:
Cornus alba 'Sibirica' soll wieder rote Rinde haben.

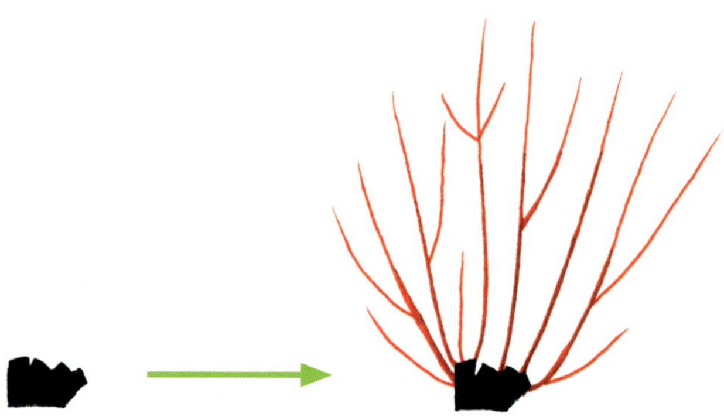

Abb. 127 b:
Der Gärtner hat die Pflanze auf den Stock gesetzt und die Absenker ausgegraben. Ein Jahr später leuchtet im Winter wieder die rote Rinde.

Auch Leitern haben ihre Tücken

Wenn wir eine **Leiter** holen, helfen uns die kleinen Bilder auf der Leiter bei der Wahl der richtigen Leiter. Leitern mit Gummifüßen dürfen wir zum Beispiel nur auf Stein- oder Pflasterböden verwenden. Auf Beeten oder Rasenflächen brauchen wir Leitern mit **Metallspitzen** an den Leiterfüßen, die das Wegrutschen verhindern. Wenn der Boden schräg ist, legen wir kein Brettchen unter, sondern holen die Quer- oder Bogentraverse oder eine Holmverlängerung. Ehe wir die Leiter benutzen, überprüfen wir, ob sie **intakt** ist. Beim Anlegen überprüfen wir mit der **Ellenbogen-Probe**, ob sie im richtigen Winkel steht. Beim Anlegen an einen senkrechten Stamm benutzen wir Strick, Anlegegurt oder Baumgabel, damit die Leiter nicht abrutschen kann. Wenn wir sie an einen stabilen Ast anlehnen, binden wir sie oben am Ast fest. Beim Übersteigen auf einen höher gelegenen Arbeitsplatz müssen die Holme mindestens 1 m überstehen, damit wir uns daran festhalten können (Abb. 29). Mit **Motorsägen** oder **Heckenscheren** dürfen wir **nicht von der Leiter aus** arbeiten.

Abb. 128:
Die Ellenbogen-Probe

Abb. 129:
Kundenwunsch 4: Verjüngung

Kundenwunsch 4

Robusten unveredelten Rhododendron können wir nach der Blüte auf 40 cm über dem Boden zurückschneiden. Er treibt fast immer neu. Man nennt so etwas Verjüngungsschnitt. Wir achten darauf, dass die Pflanzen beim Nachwachsen genug Licht bekommen.

Nicht alle Pflanzen vertragen einen Verjüngungsschnitt. Wenn wir ihn bei einer Fichte machen, würde sie nicht wieder austreiben. Bevor wir an einem Gehölz einen **Verjüngungsschnitt** durchführen, müssen wir uns **erkundigen**, **wie stark** wir zurückschneiden dürfen und **in welcher Jahreszeit**.

Abb. 130:
Nach der Blüte verjüngt der Gärtner die Rhododendren.

Abb. 131:
Nach 3–4 Jahren sehen die Rhododendren wie neu aus. Jetzt halten wir sie vorsichtig in Form, damit sie nicht wieder verkahlen.

Kundenwunsch 5

Jetzt sind Pflanzenkenntnisse gefragt.
Ende Februar schneiden wir die meisten **Sommer- und Herbstblüher** zurück. Sie blühen am diesjährigen (einjährigen) Holz. Schmetterlingsstrauch, Beet- und Edelrosen gehören dazu. Wenn wir **kräftig zurückschneiden**, treiben die Pflanzen stark. Wir bekommen viel neues Holz, das blühen kann. Wir schneiden **jedes Jahr** zurück. Die Pflanzen brauchen für das starke Wachstum ausreichend Wasser und Nährstoffe (Abb. 133).

Die **Frühjahrsblüher** haben Ende Februar bereits Blütenknospen. Sie blühen am alten oder zweijährigen Holz. Wir **lichten** sie **alle paar Jahre aus**, indem wir alte Triebe unten am Boden abschneiden. Das können wir auch direkt nach der Blüte machen. Zweige, die bogig überhängen, **leiten** wir auf jüngere Triebe **ab**. Dazu gehören einmal blühende Rosen, Strauchrosen, Wildrosen, Forsythien, Weigelien, Deutzien und viele andere (Abb. 134).

Abb. 132:
Kundenwunsch 5: Sträucher schneiden

Abb. 133:
Die meisten Sommer- und Herbstblüher schneiden wir jedes Jahr im Frühling kräftig zurück.

Abb. 134:
Auslichten und Ableiten
Eine normale Forsythie hat viel mehr Zweige. Damit es übersichtlicher wird, sind hier nur wenige typische Zweige gezeichnet. Die beiden unteren Schnitte sind die Auslichtungsschnitte, der obere ist der Ableitungsschnitt.

Kundenwunsch 6

Der Kunde möchte nun, dass wir einen etwas verwahrlosten Apfelbaum schneiden. Obstbäume schneiden wir normalerweise nur, wenn wir den **Obstbaumschnitt** gelernt haben. Diesem Baum können wir jedoch helfen, indem wir ein paar **allgemeine Schnittregeln** anwenden: **krankes und totes Holz** raus (rot), **nach innen wachsende Zweige** und **scheuernde Zweige** raus (dunkelgrün), die meisten **Wasserschosse und Ständer** raus (blau), **doppelte Spitzen** raus (lila), **zu dicht stehende Zweige** auslichten (hellgrün), **Stammaustrieb** weg (gelb), sehr steil stehende und sehr stark herunterhängende Äste ableiten (orange). Bei der ganzen Aktion schneiden wir höchstens ein Drittel der Äste heraus. Wenn wir zu stark schneiden, reagiert ein wüchsiger Baum mit vielen Wasserschossen.

Abb. 135:
Kundenwunsch 6: Apfelbaum vor dem Schnitt

nach dem Schnitt

Kundenwunsch 7

Schere weg, wenn's nicht unbedingt nötig ist. Das gilt auch für viele andere Gehölze. Krankes und totes Holz schneiden wir natürlich heraus. Einzelne störende Äste können wir entfernen, dabei erhalten wir unbedingt den arteigenen Wuchs.

Abb. 136:
Kundenwunsch 7: Manche Gehölze brauchen keinen Schnitt.

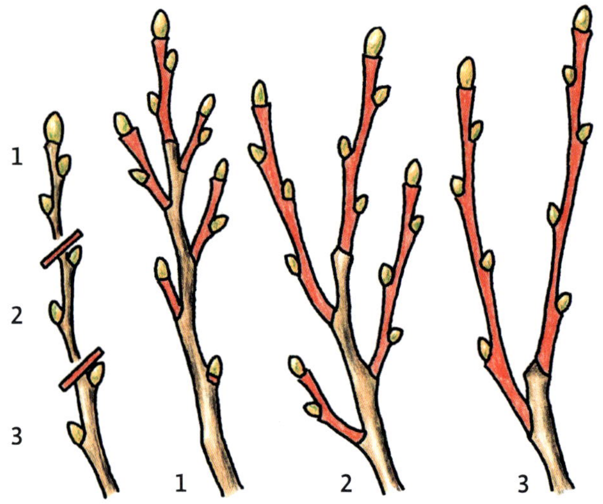

Abb. 137:
Reaktion eines einjährigen Astes auf den Rückschnitt
1: ohne Rückschnitt
2: Rückschnitt auf die Hälfte
3: Rückschnitt auf ein Drittel

Abb. 138:
Reaktion auf das Wegschneiden

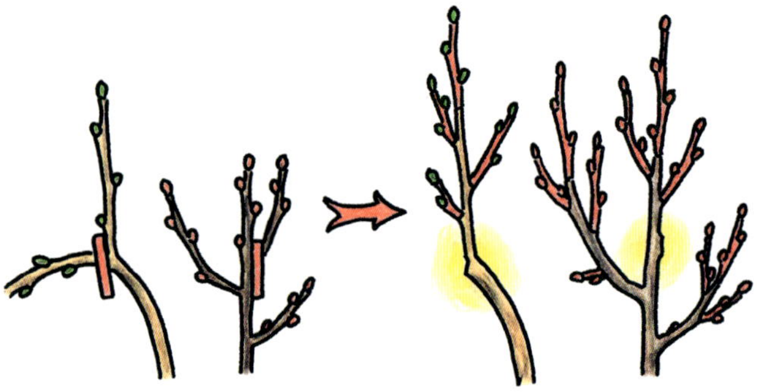

Wenn wir so schneiden, dass an der Schnittstelle ein steil wachsender Trieb stehen bleibt, reagieren die meisten Pflanzen gar nicht.

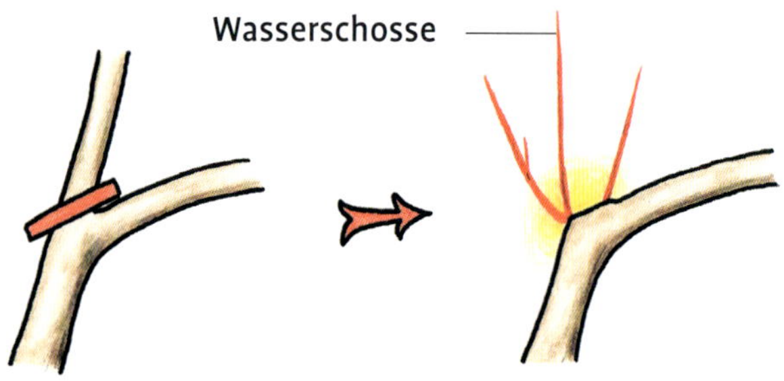

Bleibt dagegen der flach wachsende Ast übrig, bildet die Pflanze gern Wasserschosse. Wir können sie im Sommer wegreißen, wenn sie noch nicht verholzt sind.

Wie reagieren Gehölze auf verschiedene Schnitte?

Rückschnitt

Wenn wir Zweige zurückschneiden (einkürzen), regen wir **Wachstum** und **Verzweigung** an. Je kürzer wir einen Zweig zurückschneiden, desto kräftiger treiben die Knospen unterhalb der Schnittstelle aus. Es entwickeln sich kräftige neue Äste.
Sinnvoll ist der Rückschnitt zum Beispiel

- beim Hecken- und Formschnitt,
- bei der Verjüngung,
- wenn eine Pflanze viel diesjähriges Holz bilden soll,
- beim Pflanzschnitt wurzelnackter Ware.

Ableiten

Wenn wir in einer Astgabel einen Ast ganz **wegschneiden**, **reagiert** die Pflanze **schwächer**. Die schlafenden Augen rund um die Schnittstelle treiben nur aus, wenn die Pflanze den fehlenden Ast ersetzen möchte. Das Wegschneiden ist sinnvoll, wenn wir Licht ins Pflanzeninnere bringen wollen.

Winterschnitt

Der Winterschnitt **fördert** das **Wachstum**. Er ist einfacher als der Sommerschnitt, weil wir noch den vollen „Durchblick" haben. Viele Ziergehölze vertragen ihn schlecht, da sie im Winter nicht wachsen und die Schnittwunden deshalb nicht verheilen. Sie sind dann empfindlich für **Frost** und **Krankheiten**. Über Winter schneiden wir deshalb nur robuste Gehölze. Empfindliche Gehölze schneiden wir ab Anfang März. Vor dem Austrieb sollten wir den Winterschnitt beenden.

Sommerschnitt

Der Sommerschnitt **bremst** das **Wachstum** und ist für die Pflanzen **besser verträglich**. Die Wunden verheilen schnell. Die meisten Frühjahrsblüher bekommen ihren Pflegeschnitt nach der Blüte, denn im Winter würden wir Teile der Blütenpracht mit wegschneiden. Bluter, zu stark wuchernde Gehölze und Formgehölze schneiden wir im Sommer. Außerdem entfernen wir laufend kranke oder nach innen wachsende Triebe und unerwünschte Wasserschosse.

3 Heckenschnitt

Hecken müssen **unten breiter** sein **als oben**, damit die unteren Blätter genug Licht bekommen.

Laubabwerfende Hecken schneiden wir **zweimal im Jahr**, einmal im **Winter** (Dezember bis März) und einmal im **Sommer** (E Juni bis August). Wenn Vögel in der Hecke brüten, warten wir, bis die Jungvögel flügge sind (meist E Juli). Stark wachsende Hecken brauchen im Sommer zwei Schnitte. Bei Frühjahrsblühern wie Kornelkirsche oder Forsythie können wir mit dem Winterschnitt bis nach der Blüte warten. **Immergrüne Laubgehölze** können wir den ganzen Sommer schneiden, jedoch nur an schattigen Tagen, damit sie keinen Sonnenbrand bekommen. Kirschlorbeer schneiden wir im April, damit der junge Austrieb die angeschnittenen Blätter schnell verdeckt. **Nadelgehölze** schneiden wir von **April bis September** (bis auf Ausnahmen wie Fichte und Kiefer). Wir schneiden **nur bis ins grüne Holz** zurück, da sie aus dem braunen Holz kaum treiben. Eine Ausnahme ist die Eibe, die starken Rückschnitt verträgt.

Junge Hecken sollen sich gut **verzweigen**. Deshalb **schneiden** wir sie regelmäßig zurück. **Alte, zu große Hecken verjüngen** wir im Winter. Wir sägen sie stark zurück, möglichst bis unter die alten Knorzen. Dann erziehen wir sie wieder neu. Bei Nadelgehölzen klappt das nicht, denn sie treiben aus dem alten Holz zu schlecht (außer Eibe). Im Sommerhalbjahr dürfen wir Hecken zum Schutz der Vögel nicht zu kräftig schneiden.

Richtig   Falsch

Abb. 139:
Hecken müssen unten breiter sein.

4 Stauden, Zwiebel- und Knollenpflanzen

Wir **jäten sorgfältig**, vor allen Dingen Giersch, Acker-Winde und Quecke müssen vollständig heraus. Ihre Rhizome dürfen nicht in die Wurzelballen der Stauden wachsen. Nach einigen Jahren jäten wir nicht nur das Unkraut, sondern achten auch darauf, dass die stark wachsenden Pflanzen schwächer wachsende Stauden nicht überwuchern. Eventuell müssen wir Teile der stark wachsenden Stauden entfernen.

Einige Stauden wachsen nicht gerne andauernd an einem Platz. Sie **verkahlen im Inneren** (Rittersporn, Iris). Wir nehmen sie auf, **teilen** sie mit dem Spaten und pflanzen sie an einen **neuen passenden Standort**. Die **Frühlingsblüher** vertragen das Verpflanzen am besten **im Herbst**. Die **Herbstblüher** verpflanzen wir **im Frühjahr**. Andere Stauden wachsen gerne jahrelang am selben Platz (Pfingstrose). Wir lassen sie möglichst **ungestört** stehen.

Abgeblühte Stauden schneiden wir nur ab:
- wenn die Pflanze keine Samen machen soll, sondern eine **zweite Blüte** (Rittersporn);
- wenn die Pflanze sich **nicht aussamen** soll, weil sie leicht zum Unkraut wird (Beinwell, Akelei);
- wenn die abgeblühten Triebe **stören**, weil sie zum Beispiel **umgefallen** oder **hässlich** sind;
- wenn die VOB vereinbart ist, müssen wir abgeblühte und abgestorbene Teile bei **Schmuckstauden** (= prächtige, große Beetstauden), Beetrosen und Sommerblumen entfernen.

Viele **abgeblühte Stauden schneiden** wir **nicht** ab, denn sie sehen im Winter mit Raureif oder Schneehaube wunderschön aus. Die alten Stängel schützen die Staude vor Kälte. In hohlen alten Stängeln überwintern Tiere. Im Frühjahr brechen die meisten Stängel bei Trockenheit leicht, sodass wir sie mit Harke oder Heckenschere schnell entfernen können, damit die Frühjahrsblüher Platz haben.

Abb. 140:
Verkahlte Staude: In der Mitte wächst die Pflanze nicht mehr.

Zwiebel- und Knollenpflanzen bleiben **ungestört** stehen, bis das **Laub abgestorben** ist. Wenn wir das grüne Laub abschneiden, kann die Pflanze nicht genug Kraft fürs nächste Jahr sammeln. Wenn das Laub abgestorben ist, können wir **zu dicht** stehende Pflanzen aufnehmen und **neu pflanzen**. Einige Zwiebel- und Knollenpflanzen sind **nicht winterhart** und müssen **über Winter frostfrei** gelagert werden (Dahlien, Gladiolen, Knollenbegonien, Blumenrohr).

5 Gießen, Hacken, Mulchen

Aussaaten, Keimlinge oder frisch gepflanzte Pflanzen, Kästen und Kübel gießen wir häufig. Alte eingewurzelte Pflanzen in gewachsenem Boden gießen wir nur bei allzu großer Trockenheit. Eine alte Gärtnerregel sagt: **Lieber einmal durchdringend gießen, statt häufig ein bisschen.** Wenn wir nur wenig gießen, sieht zwar alles nass aus, das Wasser dringt jedoch nur 1–2 cm tief in den Boden ein und verdunstet schnell wieder. Beim Gießen sehen wir deshalb mit dem Spaten nach, wie tief das **Wasser** schon in den Boden eingedrungen ist. Erst wenn es **an den Wurzeln ankommt**, können die Pflanzen es aufnehmen. Wird der Boden jeden Tag nur oben nass, bilden die Pflanzen keine tief gehenden Wurzeln. Wenn wir dann das Gießen vergessen, vertrocknen die Pflanzen sehr schnell.

Hacken spart Wasser: Reichen die Kapillaren bis an die Bodenoberfläche, verdunstet viel Wasser. Wenn die Bodenoberfläche krümelig und locker ist, verdunstet weniger Wasser. Wir hacken 2–3 cm tief. **Mulch** hat dieselbe Wirkung, deshalb soll zum Beispiel abgefallenes Laub auf den Beeten liegen bleiben. **Abfälle** sammeln wir jedoch ab.

Abb. 141:
Hacken spart Wasser

L Pflanzenverwendung

1 Richtige Pflanzenwahl

Die meisten Pflanzen brauchen bestimmte Licht-, Klima- und Bodenverhältnisse. Nur am **richtigen Standort** wachsen sie gesund und sehen schön aus. Wenige sehr robuste Pflanzen gedeihen fast überall (Mahonie, Liguster, Ranunkelstrauch).

- **Lichtbedarf:** Schattenpflanzen gedeihen an der Nordseite von Gebäuden oder unter Bäumen, wo es den ganzen Tag **schattig** ist (Farne, Efeu, Maiglöckchen). **Halbschattige** Standorte werden ungefähr den halben Tag lang besonnt (Hemlocktanne, Rhododendron, Stechpalme). Sonnenpflanzen wollen den ganzen Tag **volle Sonne** (Schmetterlingsstrauch, Besenginster, Lavendel).

- **Wasser:** Manche Pflanzen überleben gut auf **trockenen Böden** (Lavendel, Schmetterlingsstrauch, Sanddorn). Viele bevorzugen **frische oder feuchte Böden** (Tannen, Clematis, Primeln). Wenige wachsen gut in ständig **nassen Böden** (Schwarz-Erle, Sumpf-Dotterblume, Sumpf-Schwertlilie).

- **pH-Wert:** Rhododendron, Blumen-Hartriegel und Besenginster wachsen gern auf **sauren Böden**. Seidelbast, Felsenbirne und Karpaten-Glockenblume sind **Kalk liebend**.

- **Winterkälte:** Pflanzen aus dem Süden haben in kalten Gegenden von Deutschland oft keine ausreichende **Frosthärte**. Wenn es einen kalten Winter gibt, erfrieren sie (Schmetterlingsstrauch, großblättrige Kirschlorbeersorten, Stechpalme).

Wenn wir Gärten oder Grünanlagen gestalten, verwenden wir viele unterschiedliche Pflanzen. Das ganze Jahr über soll die Pflanzung schön aussehen. Der **Frühling** und der **Sommer** sind Jahreszeiten, in denen viele Stauden und Sträucher durch ihre **Blüten** auffallen. Bei der Planung muss der Gärtner überlegen, welche Blütenfarben zusammenpassen. Im **Herbst färben** sich **Laub** und **Früchte** bunt. Im **Winter** leuchten Stämme mit **bunter Rinde** oder **Winterblüher**. Auch **Korkenzieherwuchs** und **Immergrüne** sind ein Blickfang in der kalten Jahreszeit.

Wo oft **Kinder** spielen, dürfen wir **keine giftigen** Pflanzen setzen.

Folgende Einteilung nach dem **Verwendungszweck** gibt einen Überblick über die wichtigsten Pflanzen. Diese Einteilung ist im Gartenbau üblich, sie entspricht jedoch nicht der botanischen Einteilung.

2 Laubbäume

Bäume bilden einen Stamm und eine Krone. Fast alle Laubbäume werfen im Winter ihre Blätter ab. **Große Laubbäume** werden über 20 m hoch und passen nur in sehr große Gärten oder Parkanlagen. **Mittelhohe Bäume** werden etwa 12–20 m hoch. **Kleine Bäume** mit bis zu 12 m Höhe passen auch in kleinere Gärten. Durch ihre **unterschiedliche Kronenform** brauchen Bäume in der Breite unterschiedlich viel Platz.

Abb. 142:
Große, mittlere und kleine Bäume

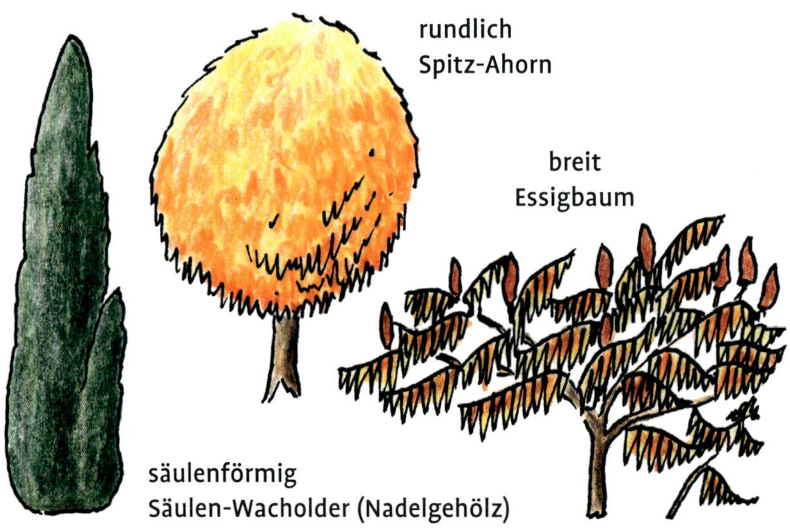

Abb. 143:
Kronenformen

Tabelle 8: Laubbäume		(siehe Legende Seite 100)
Acer campestre subsp. *campestre*	Feld-Ahorn	↑ bis 20 m, s, ♦ gelb-orange, ○ bis ◑, △, ✂ auf den Stock setzen möglich
Acer palmatum in vielen Sorten	Fächer-Ahorn	↑ 1–8 m, s, ♦ rot, orange oder gelb, ○ bis ◑, ✂ nein
Acer platanoides	Spitz-Ahorn	↑ 20–30 m, s, ❀ gelb-grün IV, ♦ goldgelb, ○ bis ◑, ✂ auslichten von X–XII (blutet)
Acer pseudoplatanus	Berg-Ahorn	↑ 25–40 m, s, ❀ gelb-grün V, ♦ goldgelb, ○ bis ◑, ✂ auslichten (blutet)
Aesculus hippocastanum	Rosskastanie	↑ 20–30 m, s, ❀ weiß mit rosa V, ♦ gelb, 🎃 Kastanien, ○ bis ◑, ✂ nein
Alnus glutinosa	Schwarz-Erle	↑ 10–25 m, s, ○ bis ◑, gut auf nassen Böden, ✂ auslichten, auf Stock setzen möglich
Betula pendula	Hänge-Birke, Sand-Birke, Weiß-Birke, Warzen-Birke	↑ 18–30 m, s, ❀ gelb-grün IV, ♦ gelb, weiße Rinde, ○, ✂ nur bei Bedarf von X–I (blutet)
Carpinus betulus	Hainbuche, Weißbuche	↑ 18–25 m, s, ♦ gelb, ○ bis ●, △, ✂ sehr verträglich, auf den Stock setzen möglich (XI–II)
Corylus colurna	Baum-Hasel	↑ 15–20 m, s, ❀ gelb III, ♦ gelb, 🎃 essbare Nüsse, ○ bis ◑, ✂ auslichten
Fagus sylvatica	Rot-Buche	↑ 25–30 m, s, ♦ gelb bis orangebraun, 🎃 Bucheckern in kleinen Mengen essbar, ○ bis ◑, △, ✂ auslichten
Fraxinus excelsior	Gewöhnliche Esche	↑ 25–40 m, s, ♦ gelb oder gleich grün abfallend, ○ bis ◑, gut auf feuchten Böden, ✂ auslichten, treibt aus Stock und Wurzeln wieder aus
Juglans regia subsp. *regia*	Walnuss	↑ 15–30 m, s, 🎃 Walnüsse, ○ bis ◑, ✂ bei Bedarf im VIII (blutet)
Platanus × *hispanica*	Bastard-Platane, Ahornblättrige Platane, Gewöhnliche Platane	↑ 20–30 m, s, ♦ gelbbraun, 🎃 runde Kugeln, attraktive Rinde, ○ bis ◑, ✂ sehr verträglich

Tabelle 8: Laubbäume (Fortsetzung)		(siehe Legende unten)
Populus nigra 'Italica'	Säulen-Pappel, Pyramiden-Pappel	↑ 25–30 m, s, 🌢 gelb, ○, gut auf feuchten Böden, ✂ sehr verträglich
Prunus avium	Vogel-Kirsche, Süß-Kirsche	↑ 15–20 m, s, ❀ weiß IV–V, 🌢 gelborange, 🎃 kleine Kirschen, ○, Lehmzeiger, ✂ bei Bedarf auslichten
Prunus cerasifera 'Nigra'	Blut-Pflaume	↑ 5–7 m, s, ❀ rosarot IV, schwarzrotes Laub, 🎃 essbare kleine Pflaumen, ○ bis ◑, ✂ bei Bedarf auslichten
Quercus robur subsp. *robur*	Stiel-Eiche, Deutsche Eiche	↑ 25–40 m, s, 🌢 gelbbraun, 🎃 Eicheln, ○ bis ◑, ✂ auslichten, Rückschnitt möglich
Robinia pseudoacacia	Gemeine Robinie, Scheinakazie	↑ 20–25 m, s, ❀ weiß, duftend VI, ○, ☠, ✂ auslichten im II–III, treibt aus dem Stock wieder aus
Sorbus aucuparia subsp. *aucuparia*	Gewöhnliche Eberesche, Vogelbeere	↑ 6–12 m, s, ❀ weiß V, 🌢 gelborange, 🎃 Vogelbeeren, ○ bis ◑, ✂ auslichten, treibt aus dem Stock wieder aus
Tilia cordata	Winter-Linde	↑ 18–30 m, s, ❀ hellgrün, duftend VI–VII, 🌢 gelb, ○ bis ◑, ✂ sehr verträglich

Legende für Pflanzentabellen

↑	Höhe	☠	giftig
❀	auffällige Blüte	G	Lebensbereich Gehölz
I–XII	Monate	GR	Lebensbereich Gehölzrand
s	sommergrün	sch	schattig
i	immergrün	so	sonnig
🌢	auffällige Herbstfärbung	hs	halbschattig
🎃	auffällige Früchte	Fr	Lebensbereich freie Fläche
△	für geschnittene Hecken geeignet	St	Lebensbereich Steingarten
✂	Schnitthinweise	B	Lebensbereich Beet
○	sonnig	WR	Lebensbereich Wasserrand
◑	halbschattig	W	Lebensbereich Wasser
●	schattig	1, 2, 3	trocken, frisch, feucht

3 Koniferen oder Nadelgehölze

Koniferen haben nadel- oder schuppenförmige Blätter. Viele bilden verholzte Zapfen, manche auch andere Früchte (Ginkgo, Eibe und Wacholder). Die meisten Koniferen sind immergrün. Gezüchtete Sorten weichen im Wuchs oft sehr stark von der ursprünglichen Form ab.

Abb. 144:
Ausgewachsene Nestfichte, *Picea abies* 'Nidiformis', (Zuchtform)

Abb. 145:
Ausgewachsene Fichte, *Picea abies* (Wildform)

Tabelle 9: Nadelgehölze		(siehe Legende linke Seite)
Abies concolor	Colorado-Tanne	↑ 20–25 m, i, lange graublaue Nadeln, Zapfen, ○, ✂ nein
Abies nordmanniana subsp. *nordmanniana*	Nordmanns-Tanne	↑ 20–30 m, i, dunkelgrüne glänzende Nadeln mit zwei weißen Streifen auf der Unterseite, Zapfen, ○ bis ◑, ✂ nein
Cedrus atlantica 'Glauca'	Blaue Atlas-Zeder	↑ 15–25 m, i, silbrig blaugraue Nadeln in Büscheln, Zapfen, ○, ✂ nein
Chamaecyparis lawsoniana 'Alumii'	Blaue Scheinzypresse	↑ 8–15 m, i, graublaue Schuppen, kleine runde Zapfen, ○ bis ◑, ☠, △, ✂ verträgt regelmäßigen Heckenschnitt

Tabelle 9: Nadelgehölze (Fortsetzung)		(siehe Legende Seite 100)
Ginkgo biloba	Ginkgo	↑ 15–30 m, s, hellgrüne fächerförmige Blätter, 🌢 gelb, zweihäusig, 🎃 gelbe stinkende mirabellenförmige Früchte, ○ bis ◑, ✂ nein
Juniperus communis 'Hibernica'	Irischer Säulen-Wacholder	↑ 3–5 m, Breite 1,5 m, i, bläulich-grüne Nadeln, 🎃 schwarzblaue Beerenzapfen, ○, ✂ Formschnitt im Sommer möglich
Juniperus × *pfitzeriana*	Grüner Pfitzer-Wacholder	↑ 5 m, Breite 8 m, i, moosgrüne Schuppen, kräftiger Duft, ○ bis ◑, ✂ nein, auslichten möglich
Larix decidua var. *decidua*	Europäische Lärche	↑ 25–40 m, s, hellgrüne weiche Nadeln in Büscheln, 🌢 gelb, 🎃 kleine Zapfen, ○, △, ✂ nein, außer regelmäßiger Heckenschnitt
Picea abies	Gemeine Fichte, Rot-Fichte	↑ 30–50 m, i, dunkelgrüne vierkantige Nadeln, 🎃 „Tannenzapfen“, ○ bis ◑, Flachwurzler, △, ✂ nein, außer regelmäßiger Heckenschnitt
Picea omorika	Serbische Fichte	↑ 15–30 m, i, sehr schmaler Wuchs, 🎃 Zapfen, ○, ✂ nein
Picea pungens 'Glauca'	Blau-Fichte (Sämling)	↑ 15–20 m, i, stahlblaue heftig stechende Nadeln, 🎃 Zapfen, ○, ✂ nein
Pinus mugo subsp. *mugo*	Berg-Kiefer, Latsche	↑ 3 m, Breite 4 m, i, lange Nadeln, die zu zweit sitzen, 🎃 Zapfen, ○, ✂ nein, verträgt Formschnitt, indem man den Maitrieb einkürzt
Pinus nigra subsp. *nigra*	Österreichische Schwarz-Kiefer	↑ 25–40 m, i, dunkelgrüne steife lange Nadeln, zu zweit sitzend, 🎃 Zapfen, ○, ✂ nein, verträgt Formschnitt, indem man den Maitrieb einkürzt
Pinus sylvestris var. *sylvestris*	Föhre, Wald-Kiefer, Gemeine Kiefer	↑ 25–35 m, i, lange graugrüne Nadeln, zu zweit sitzend, 🎃 Zapfen, Rinde im Kronenbereich orange-fuchsrot, ○, ✂ nein, verträgt Formschnitt, indem man den Maitrieb einkürzt

Tabelle 9: Nadelgehölze (Fortsetzung)		(siehe Legende Seite 100)
Taxus baccata	Gewöhnliche Eibe	↑ 10–15 m, i, schwarzgrüne glänzende weiche Nadeln, 🎃 rote Beeren, ○ bis ●, Tiefwurzler, ☠, △, ✂ Formschnitt und Rückschnitt bis ins alte Holz möglich
Thuja occidentalis	Abendländischer Lebensbaum	↑ 15–20 m, i, dunkelgrüne Schuppen, 🎃 kleine Zapfen, ○ bis ◑, Flachwurzler, ☠, △, ✂ nein, außer regelmäßiger Heckenschnitt
Tsuga canadensis	Kanadische Hemlocktanne	↑ 15–20 m, i, dunkelgrüne Nadeln, unterseits mit zwei hellen Streifen, 🎃 Zapfen, ○ bis ◑, ✂ verträglich

4 Sträucher

Großsträucher werden etwa 3–7 m hoch (Felsenbirne, Haselnuss, Goldregen). **Mittelhohe Sträucher** werden 1,5–3 m hoch (Schmetterlingsstrauch, Schneeball, Flieder). **Zwergsträucher** bleiben sehr klein (Schnee-Heide, Teppich-Zwergmispel, Bodendeckerrosen). Sträucher haben **unterschiedliche Wuchsformen**.

Abb. 146:
Unter der Schneebeere wächst nichts.

Abb. 147:
Unter der Haselnuss gedeihen Frühlingsblüher.

Tabelle 10: Sträucher		(siehe Legende Seite 100)
Amelanchier lamarckii	Kanadische Felsenbirne, Kupfer-Felsenbirne	↑ 4–8 m, s, ❀ weiß V, 🌢 orangerot, 🎃 essbare blauschwarze Beeren, ○ bis ◑, ✂ auslichten, Verjüngungsschnitt möglich
Berberis thunbergii 'Atropurpurea'	Blut-Berberitze	↑ 1–2 m, s, dunkelrotes Laub, 🌢 rot, 🎃 rote Beeren, Dornen, △, ○ bis ◑, ✂ sehr verträglich
Buddleja davidii in vielen Sorten	Schmetterlingsstrauch, Sommerflieder	↑ 3–4 m, s, ❀ weiß, rosa, karminrot, violett, lilablau, duftend, VII–IX, Insektenfutterpflanze, ○, ✂ jährlich starker Rückschnitt
Buxus sempervirens	Gewöhnlicher Buchsbaum	↑ 2–5 m, i, ○ bis ●, ☠, △, ✂ sehr verträglich
Calluna vulgaris	Besenheide, Heidekraut, Sommerheide	↑ 20–80 cm, i, ❀ rosa-lila VII–XI, Bodendecker, ○, liebt saure nährstoffarme Böden, ✂ leichter Rückschnitt nach der Blüte
Chaenomeles japonica var. *japonica*	Japanische Zierquitte	↑ 1 m, s, ❀ rot III–IV, 🎃 stark duftende, essbare gelbe Früchte, ○ bis ◑, ✂ auslichten
Cornus alba 'Sibirica'	Sibirischer Hartriegel	↑ 3 m, s, ❀ weiß V, korallenrote Rinde, ○ bis ◑, ✂ jährlich im III starker Rückschnitt
Cornus mas	Kornelkirsche	↑ 4–7 m, s, ❀ gelb II–IV, 🌢 rotpurpur, 🎃 essbare dunkelrote „Kirschen", ○ bis ◑, △, ✂ sehr verträglich
Corylus avellana	Haselnuss	↑ 5–7 m, s, ❀ gelbgrün II–III, 🎃 Haselnüsse, ○ bis ●, ✂ II–III auslichten, auf den Stock setzen möglich
Corylus avellana 'Contorta'	Korkenzieher-Hasel	↑ 3–5 m, s, ❀ gelbgrün II–III, verdrehter Wuchs fällt im Winter auf, ○ bis ◑, ✂ gerade gewachsene Wildtriebe sofort entfernen, auslichten, Rückschnitt möglich
Cotoneaster dammeri in Sorten	Zwergmispel	↑ je nach Sorte kriechend bis zu 1 m, i, ❀ weiß V–VI, 🎃 rote Beeren, ○ bis ◑, Bodendecker, ✂ flächiger Schnitt mit Heckenschere

Tabelle 10: Sträucher (Fortsetzung)		(siehe Legende Seite 100)
Cotoneaster horizontalis	Fächer-Zwergmispel	↑ 1–1,5 m, Breite 2 m, s, ✿ rosaweiß V–VI, 💧 orange bis scharlachrot, 🎃 viele dunkelrote Beeren, ○ bis ◑, Bodendecker, ✂ Totholz im Winter auslichten
Crataegus monogyna	Eingriffliger Weißdorn	↑ 2–6 m, s, ✿ weiß V–VI, 🎃 rote essbare Früchte, Dornen, ○ bis ◑, feuerbrandanfällig, △, ✂ sehr verträglich
Cytisus × *praecox*	Elfenbeinginster	↑ 2 m, s, ✿ hellgelb IV–V, strenger Geruch, ○, ✂ leichter Rückschnitt nach der Blüte
Cytisus scoparius in Sorten	Besenginster	↑ 2 m, s, ✿ gelb, rot V, der starke Duft kann unangenehm sein, ○, liebt humosen, sandigen, nährstoffarmen Boden, ☠, ✂ leichter Rückschnitt nach der Blüte
Daphne mezereum	Gemeiner Seidelbast, Kellerhals	↑ 1,2 m, s, ✿ rosa III–IV, Duft, 🎃 rote Beeren, ◑ bis ●, ☠, ✂ nein
Deutzia gracilis	Maiblumenstrauch	↑ 80 cm, s, ✿ weiß V–VI, ○ bis ◑, ✂ auslichten nach der Blüte, Formschnitt bei Hecken
Erica carnea	Schnee-Heide	↑ 15–35 cm, i, ✿ rosa, XI–IV, ○ bis ◑, verträgt Kalk, ✂ leichter Rückschnitt nach der Blüte
Euonymus alatus var. *alatus*	Flügel-Spindelstrauch	↑ 2–3 m, s, 💧 karminrot, Korkleisten an den Zweigen, ○ bis ◑, ☠, ✂ Bedarfsschnitt im II–III
Euonymus europaeus var. *europaeus*	Pfaffenhütchen	↑ 2–6 m, s, 💧 rot, 🎃 karminrot-orange, ○ bis ◑, ☠, ✂ auslichten, Verjüngung möglich
Euonymus fortunei in Sorten	Kletternder Spindelstrauch	↑ 30 cm bis 2 m, i, viele buntlaubige Sorten, klettert mit Haftwurzeln, ○ bis ●, ☠, Bodendecker, ✂ Bedarfsschnitt im II–III
Forsythia × *intermedia*	Garten-Forsythie	↑ 2–3 m, s, ✿ gelb IV, 💧 bronzerot-gelblich, ○, △, ✂ auslichten nach der Blüte, Verjüngung möglich
Hamamelis mollis	Chinesische Zaubernuss	↑ 3–5 m, s, ✿ gelb I–III, duftend, 💧 goldgelb, ○ bis ◑, ✂ nein, aber möglich

Tabelle 10: Sträucher (Fortsetzung)		(siehe Legende Seite 100)
Hibiscus syriacus	Echter Roseneibisch	↑ 2 m, s, ❀ hellblau, lilablau, rosa, weiß, rot VI–IX, ○, ✂ auslichten, Rückschnitt kurz vor Austrieb, friert in sehr kalten Wintern zurück
Hippophae rhamnoides subsp. *rhamnoides*	Küsten-Sanddorn	↑ 3–6 m, s, silbriges Laub, zweihäusig, 🎃 essbare orange Beeren, ○, liebt sandige Böden, ✂ auslichten im XI–II, Verjüngung möglich, treibt bei Wurzelverletzung Ausläufer
Hydrangea macrophylla	Garten-Hortensie	↑ 1–3 m, s, ❀ blau, rot, rosa, weiß VI–IIX, friert leicht zurück, ◑ bis ○, liebt feuchte, nährstoffreiche, kalkfreie Böden, ✂ auslichten im X–II
Ilex aquifolium	Stechpalme, Hülse	↑ 3–10 m, i, zweihäusig, 🎃 rot, ◑ bis ●, ☠, △, ✂ sehr verträglich
Jasminum nudiflorum	Winter-Jasmin	↑ 30 cm, angebunden bis 3 m, s, ❀ gelb X–IV, grüne Rinde, ○ bis ◑, Kletterpflanze, hängt von Mauerkronen herab, ✂ Bedarfs- oder Formschnitt von V–X
Kerria japonica	Ranunkelstrauch	↑ 2 m, s, ❀ goldgelb V–VI, grüne Rinde, ○ bis ●, ✂ regelmäßig im II–III alte Triebe herausschneiden
Kolkwitzia amabilis	Kolkwitzie, Perlmuttstrauch	↑ 2–3 m, s, ❀ rosa VI, ○ bis ◑, ✂ auslichten im II–III
Laburnum anagyroides	Gewöhnlicher Goldregen	↑ 5–7 m, s, ❀ gelb V–VI, ○ bis ◑, ☠, ✂ auslichten
Ligustrum vulgare	Gewöhnlicher Liguster	↑ 2–5 m, ❀ weiß VI unangenehmer Duft, 💧 Laub bleibt über Winter sehr lange grün, 🎃 schwarze Beeren, ○ bis ●, ☠, △, ✂ sehr verträglich
Lonicera pileata	Kriech-Heckenkirsche	↑ 60 cm, i, ❀ rahmweiß duftend V–VI, 🎃 violette Beeren, ○ bis ●, ☠, ✂ regelmäßiger leichter Rückschnitt möglich
Magnolia × soulangeana	Tulpen-Magnolie	↑ 4–8 m, s, ❀ weiß-rosa IV, ○, ✂ nein

Tabelle 10: Sträucher (Fortsetzung)		(siehe Legende Seite 100)
Magnolia stellata	Stern-Magnolie	↑ 2–3 m, s, ❀ weiß III–IV, duftend, ○, ✂ nein
Mahonia aquifolium	Gewöhnliche Mahonie	↑ 1 m, i, ❀ gelb IV, ✿ blau, ○ bis ●, verträgt Wurzeldruck, ☠, Bodendecker, ✂ sehr verträglich
Philadelphus coronarius	Europäischer Pfeifenstrauch	↑ 2–4 m, s, ❀ weiß V–VI, duftend, ○ bis ◑, ✂ auslichten, auf den Stock setzen möglich
Potentilla fruticosa in Sorten	Fingerstrauch	↑ 0,5–1,5 m, s, ❀ gelb, orange, rosa, weiß V–X, ○ bis ◑, Bodendecker, ✂ verträglich
Prunus laurocerasus in Sorten	Kirschlorbeer	↑ 1–5 m, i, ❀ weiß V, ○ bis ●, ☠, △, ✂ sehr verträglich
Prunus spinosa	Schlehe	↑ 2–4 m, s, ❀ weiß IV–V, streng duftend, ✿ verwertbare dunkelblaue Steinfrüchte, Dornen, ○ bis ◑, △, ✂ sehr verträglich
Pyracantha coccinea	Feuerdorn	↑ 1,5–4 m, i, ❀ weiß V–VI, strenger Duft, ✿ gelbe, orange oder rote Beeren, ○ bis ◑, △, ✂ sehr verträglich
Rhododendron viele verschiedene Arten	Rhododendron	↑ 40 cm bis 4 m, je nach Art s oder i, Hauptblütezeit im V, ◑, manche Arten auch sonnig, humoser, saurer Boden, ☠, ✂ Bedarfsschnitt, Verjüngung oft erfolgreich
Ribes sanguineum 'Atrorubens'	Blut-Johannisbeere	↑ 1,2–2 m, s, ❀ rot IV, ○, ✂ auslichten im II–III
Rosa rugosa	Kartoffel-Rose, Apfel-Rose	↑ 1–2 m, s, ❀ dunkelrosa VI–VIII, duftend, 💧 gelb, ✿ dicke essbare Hagebutten, ○, verträgt Trockenheit, ✂ auslichten, auf den Stock setzen
Salix caprea 'Mas'	Kätzchen-Weide, männlicher Klon der Sal-Weide	↑ 5–8 m, s, ❀ gelbe Kätzchen III–IV, ○ bis ◑, ✂ verträglich

Tabelle 10: Sträucher (Fortsetzung)		(siehe Legende Seite 100)
Sambucus nigra	Schwarzer Holunder	↑ 3–7 m, s, ❀ cremeweiß VI, ◎ Holunderbeeren gekocht essbar, ○ bis ◑, Stickstoffzeiger, ✂ sehr verträglich, auf den Stock setzen möglich
Spiraea × arguta	Braut-Spiere	↑ 2 m, s, ❀ weiß IV, strenger Duft, ○, ✂ auslichten nach der Blüte, Verjüngung möglich
Spiraea japonica in Sorten	Japanische Spiere	↑ bis 1 m, s, ❀ weiß, rosa, dunkelrosa VI–VII, ○, Bodendecker, ✂ kräftiger Winterschnitt mit Heckenschere
Symphoricarpos × chenaultii	Schneebeere, Bastard-Korallenbeere, Niedrige Purpurbeere	↑ 2 m, s, ❀ rosa VI–VII, ◎ rote Beeren, ○ bis ●, ☠, ✂ sehr verträglich
Syringa vulgaris in Sorten	Gewöhnlicher Flieder, Edel-Flieder	↑ 3–7 m, s, ❀ blauviolett, weiß, rosa, lilarosa, purpurrot V, wohlriechend, ○, ✂ wilde Wurzelschosse entfernen, sehr schnittverträglich im II–III
Viburnum rhytidophyllum	Runzelblättriger Schneeball	↑ 3–5 m, i, ❀ cremeweiß V–VI, strenger Geruch, ◎ blauschwarze Beeren, ○ bis ●, ☠, ✂ nein, Verjüngung nach der Blüte möglich
Weigela-Cultivars	Weigelie	↑ 2–3 m, s, ❀ rot, rosa, weiß V–VIII, ○, ✂ auslichten nach der Blüte, Verjüngung möglich

5 Hecken

Geschnittene Hecken erziehen wir aus schnittverträglichen Gehölzen. Wir schneiden sie ein- bis dreimal im Jahr mit der Heckenschere und erhalten so eine weiche, grüne Mauer. Schmale Hecken pflanzen wir in Reihe. Breitere Hecken pflanzen wir versetzt in Doppelreihe. Die Pflanzabstände betragen in der Regel 30–60 cm (Pflanzung siehe Seite 81; Schnitt siehe Seite 95).

Freiwachsende Hecken brauchen mehr Platz. Wir pflanzen verschiedene Sträucher durcheinander. Die Pflanzabstände sind größer. Später wachsen die Pflanzen ineinander und bilden eine wilde farbenfrohe Hecke. Auch solche Hecken brauchen einen Schnitt, damit sie nicht überaltern. Beim Schneiden behandeln wir jede Strauchart individuell. Je nach Art lichten wir aus, setzen auf den Stock, leiten ab oder schneiden zurück.

Tabelle 11: Heckenpflanzen für unterschiedliche Hecken

freiwachsend, etwa 2 m hoch	freiwachsend, etwa 5 m hoch	geschnitten, niedrig	geschnitten, mannshoch	geschnitten, bis 4 m hoch
Forsythie	Flieder	Buchsbaum	Hainbuche	Rot-Buche
Pfeifenstrauch	Kornelkirsche	Blut-Berberitze	Lebensbaum	Eibe
Deutzie	Haselnuss	Liguster	Liguster	Scheinzypresse
Spierstrauch	Weißdorn	Kriech-Heckenkirsche	Scheinzypresse	Hainbuche
Fingerstrauch	Holunder	Eibe	Kirschlorbeer	Lebensbaum
Kartoffel-Rose	Goldregen	Hainbuche	Eibe	Feld-Ahorn

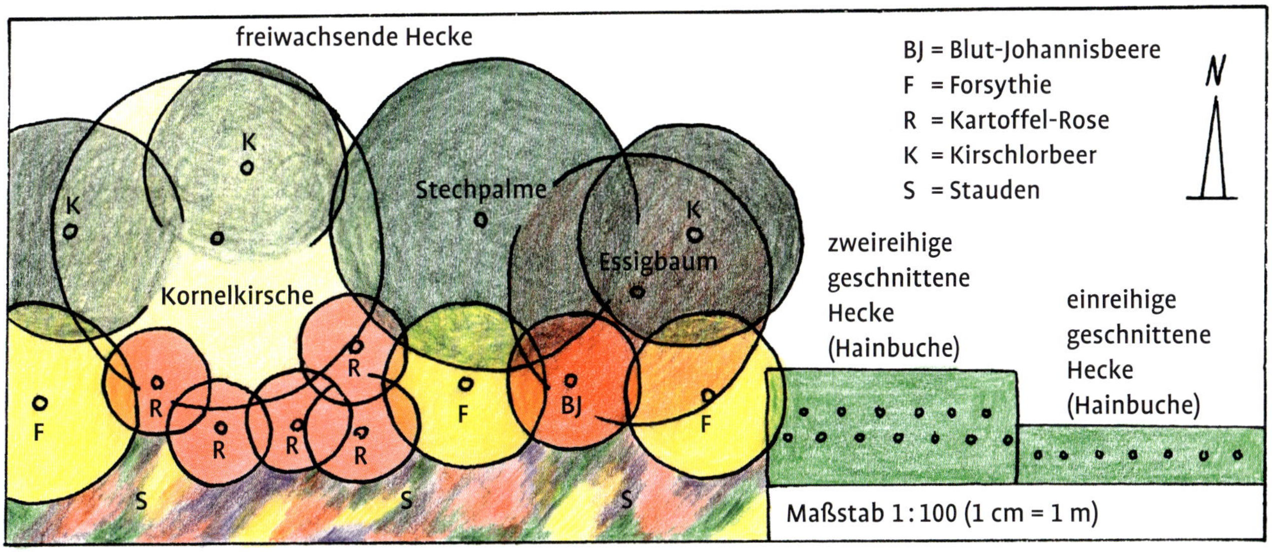

Abb. 148:
Freiwachsende Hecken brauchen mehr Platz.

6 Bodendecker

Bodendecker sind Pflanzen, die niedrig bleiben, wenig Pflege brauchen und eine Fläche schnell überwachsen, sodass Unkrautsämlinge kein Licht mehr bekommen. Bodendecker finden wir bei den Stauden, Sträuchern und Koniferen. Bekannte Beispiele sind Efeu, Immergrün, kriechender Wacholder und Zwergmispeln.

7 Kletterpflanzen

Mit Kletterpflanzen begrünen wir Zäune, Mauern und Hauswände. Efeu bildet feine **Haftwurzeln**, Wilder Wein Haftscheiben. Sie wachsen so fast überall von alleine nach oben (Selbstklimmer) und sind später nur schwer zu entfernen. Blauregen und Schlingknöterich **schlingen** ihre Sprosse am liebsten um senkrechte runde Stäbe. Die Stäbe müssen stabil sein, denn die Pflanzen werden später schwer. Clematis **ranken** ihre Blattstiele um dünne Stäbe oder Drähte, die senkrecht und waagerecht stehen können (Rankgitter). Rosen und Winter-Jasmin halten sich durch **Einspreizen** an waagerechten Kletterhilfen fest. Es ist günstig, sie an einigen Stellen festzubinden.

Tabelle 12: Kletterpflanzen		(siehe Legende Seite 100)
Clematis-Cultivars	Großblumige Waldrebe	↑ 2–3 m, s, hält sich mit Blattstielen fest, ❀ in vielen Farben, ○ bis ◑, ✂ Frühblüher nach der Blüte schneiden, Spätblüher im Winter stark zurückschneiden
Fallopia baldschuanica	Schlingknöterich	↑ 8–15 m, s, Schlinger, ❀ weiß VII–X, ○ bis ◑, ✂ alle 2–3 Jahre zurückschneiden
Hedera helix	Gewöhnlicher Efeu	↑ 20 cm bis 20 m, i, Haftwurzeln, ○ bis ●, ☠, Bodendecker, ✂ wenn nötig im II–III
Parthenocissus quinquefolia var. *quinquefolia*	Gewöhnliche Jungfernrebe, Wilder Wein	↑ 10–20 m, s, Haftscheiben, 🌢 scharlach-feurigrot, 🍇 ungenießbare blauschwarze Beeren, ○ bis ●, ✂ schnittverträglich
Parthenocissus tricuspidata	Dreilappige Jungfernrebe	↑ 12–20 m, s, Haftscheiben, 🌢 orange-blutrot, ○ bis ◑, ✂ verträglich von I–XII
Rosa-Cultivars	Kletterrosen	↑ 2–6 m, s, Spreizklimmer mit Stacheln, ❀ viele Farben (außer blau) VI–X, ○ bis ◑, ✂ im Winter auslichten: alte und schwache Triebe entfernen, Seitentriebe einkürzen; im Sommer bei öfter blühenden Rosen abgeblühte Triebe zurückschneiden, dann bilden sie schneller neue Blüten
Wisteria sinensis	Blauregen	↑ 8–15 m, s, Schlinger, ❀ blau-violett V–VI, ○ bis ◑, ☠, ✂ Langtriebe für Blütenbildung immer wieder auf 20 cm zurückschneiden, nicht ins alte Holz zurückschneiden

8 Stauden und Gräser

Abb. 149:
Schattenpflanzung mit Stauden

Stauden blühen meistens nur einmal im Jahr. Sie überwintern im Boden und werden im Lauf der Jahre immer größer und schöner. Viele sehen auch im Winter gut aus, vor allen Dingen die Gräser. Für die richtige Verwendung von **Stauden** gibt es die **Einteilung in Lebensbereiche**. Man findet sie in vielen Staudenkatalogen und Staudenbüchern.

Im **Lebensbereich Gehölz (G)** finden wir Waldstauden, die Schatten und humusreiche Böden mögen. Auch der **Lebensbereich Gehölzrand (GR)** hat humosen Boden. Ein nach Norden ausgerichteter GR ist **schattig (sch)**, ein nach Osten oder Westen zeigender **halbschattig (hs)** und ein südlicher **sonnig (so)**. Im **Lebensbereich freie Fläche (Fr)** tummeln sich pflegeleichte Wildstauden, die Sonne mögen. Im **Lebensbereich Steingarten (St)** finden wir Pflanzen, die sich neben Steinen wohl fühlen. Meist bleiben sie klein. Der **Lebensbereich Beet (B)** vereinigt die **Prachtstauden**. Sie mögen gute, nährstoffreiche, humose Böden. Damit sie gut wachsen, müssen wir gießen, hacken und Unkraut jäten. Die **Bodenfeuchte** wird mit Zahlen von **eins** (trocken) **bis drei** (feucht) angegeben. **St $_1$ so** ist ein trockener sonniger Steingarten. **B $_3$ sch** ist ein feuchtes schattiges Beet. Andere Lebensbereiche sind zum Beispiel **Wasserrand (WR)** oder **Wasser (W)**.

Tabelle 13: Stauden, Gräser		(siehe Legende Seite 100)
Achillea filipendulina	Gold-Garbe, Hohe Schafgarbe	↑ 100 cm, s, ❀ gelb VI–IX, Fr $_{1-2}$ so, B $_{1-2}$ so
Alchemilla mollis	Frauenmantel	↑ 40 cm, s, ❀ hellgelb VI–VII, Bodendecker, GR $_{2-3}$ so–hs, Fr $_{2-3}$ so–hs
Astilbe × arendsii	Prachtspiere, Garten-Astilbe	↑ 60–100 cm, s, ❀ weiß, rosa, rot VII–VIII, G $_{2-3}$ hs, GR $_{3-2}$ hs, B $_2$ hs
Bergenia cordifolia	Altai-Bergenie	↑ 40 cm, i, ❀ lilarosa IV–V, G $_2$, GR $_{2-3}$ so–hs, FR $_3$ hs, St $_2$ hs
Delphinium-Cultivars	Rittersporn	↑ 120–180 cm, s, ❀ weiß, blau, violett VI–VII, IX, ☠, B $_2$ so
Festuca glauca	Blau-Schwingel	↑ 20 cm, i, VI–VIII, FR $_1$ so, St $_1$ so
Geranium macrorrhizum	Felsen-Storchschnabel	↑ 30 cm, ❀ weiß-rot V–VII, Gr $_{1-2}$ so–hs

Tabelle 13: Stauden, Gräser (Fortsetzung)		(siehe Legende Seite 100)
Hosta-Cultivars	Funkie	↑ 30–70 cm, s, ❀ violett, viele Blattfarben, GR $_2$ hs, G $_2$ hs
Hypericum calycinum	Immergrünes Johanniskraut	↑ 30 cm, i, ❀ gelb VI–IX, Bodendecker, GR $_{1-2}$ so–hs, Sch Rückschnitt im Frühjahr
Iris viele Arten, z. B. *Iris*-Cultivars TB	Schwertlilien, z. B. Hohe Bartiris	↑ 70 cm, ❀ viele Farben VI, B $_{1-2}$ so, FR $_{1-2}$ so
Lavandula angustifolia	Lavendel	↑ 40, ❀ blau VI–VIII, Fr $_1$ so; St $_1$ so
Miscanthus sinensis	Chinaschilf	↑ 100–200 cm, s, ❀ silbrig-weiß VIII–X, B $_2$ so, Fr $_2$ so
Nepeta × faassenii	Katzenminze	↑ 30–50 cm, ❀ blau V–VIII, Fr $_1$ so; St $_1$ so
Nymphaea-Cultivars	Seerose	s, ❀ weiß, gelb, rosa, rot V–X, W so
Pachysandra terminalis	Pachysandra, Dickanthere	↑ 30 cm, i, ❀ weiß IV, ☠, Bodendecker, G $_2$ hs–sch, GR $_2$ hs
Paeonia in verschiedenen Arten	Pfingstrose	↑ 60–100 cm, s, ❀ weiß, rosa, rot V–VI, ☠, B $_2$ so
Rudbeckia fulgida var. *sullivantii* 'Goldsturm'	Sonnenhut	↑ 60 cm, s, ❀ goldgelb VIII–X, B $_2$ so, FR $_2$ so, GR $_2$ so
Salvia officinalis	Garten-Salbei	↑ 40–80 cm, ❀ violett VI–VII, Gewürzpflanze, Fr $_{1-2}$ so, St $_{1-2}$ so
Sedum telephium subsp. *telephium*	Fetthenne	↑ 30–60 cm, s, ❀ rosa, rot, bräunlich IX–X, Blütenstände schöner Winterschmuck, Schnittblume, Fr $_1$ so, B $_1$ so, St $_1$ so
Vinca minor	Kleines Immergrün	↑ 15 cm, i, ❀ blau IV–V, Bodendecker, G $_2$ sch–hs, GR $_2$ sch–hs

9 Zwiebel- und Knollenpflanzen

Zwiebeln und Knollen brauchen einen lockeren, durchlässigen Boden. Sie faulen bei anhaltender Nässe. Schneeglöckchen, Osterglocken und Blaustern brauchen nicht viel Pflege. Sie verwildern leicht. Hochgezüchtete Garten-Tulpen oder Lilien müssen wir gießen und düngen, damit sie jedes Jahr blühen. Wir pflanzen sie auf Beete, die wir hacken können. Tulpen und Lilien setzen wir bei Wühlmausgefahr in Drahtkörbe.

Abb. 150:
Krokusse sind Knollenpflanzen.

Tabelle 14: Zwiebel- und Knollenpflanzen	(siehe Legende Seite 100)
Blaustern	↑ 10 cm, ❀ blau III–IV, GR $_2$ so–hs, FR $_2$ so–hs
Garten-Tulpe	↑ 25–60 cm, ❀ viele Farben IV–V, B $_2$ so
Krokus	↑ 15 cm, ❀ weiß, gelb, hellviolett, lila II–III, FR $_{1-2}$ so, St $_{1-2}$ so, GR $_{1-2}$ so
Lilien	↑ 60–180 cm, ❀ viele Farben VI–VIII, B $_2$ so, GR $_2$ so
Narzisse, Osterglocke	↑ 30 cm, ❀ gelb III–IV, ☠, FR $_{1-2}$ so, B $_{1-2}$ so
Schneeglöckchen	↑ 15 cm, ❀ weiß II–III, GR $_2$ hs, FR $_2$ hs
Traubenhyazinthe	↑ 20 cm, ❀ blau III–IV, FR $_{1-2}$ so, St $_{1-2}$ so
Wildtulpe	↑ 20–30 cm, ❀ viele Farben III–V, FR $_2$ so, St $_2$ so

10 Wechselbepflanzung

In Innenstädten oder Parkanlagen sollen manche Kübel oder Beete möglichst das ganze Jahr über die Blicke auf sich ziehen. Dort brauchen wir Pflanzen, die **lange blühen** oder bunte Blätter haben. **Je nach Jahreszeit bepflanzen** wir immer wieder neu. Die Farben sollen zum Rest der Anlage passen. Im Frühjahr leuchten Stiefmütterchen, Primeln und großblütige Gänseblümchen. Später pflanzen wir **Sommerblumen** und **Beet- und Balkonpflanzen**, die den ganzen Sommer blühen. Im Herbst eignen sich Winter-Heide und Stiefmütterchen. Wechselbepflanzungen machen viel Arbeit. Das kostet Geld. Viele Städte und Gemeinden müssen sparen. Deshalb ersetzen sie Teile der Wechselbepflanzung durch pflegeleichte Stauden oder anderes Grün.

Abb. 151: Wechselbepflanzung

Tabelle 15: Wechselpflanzungen	(siehe Legende Seite 100)
Eis-Begonie	↑ 20 cm, ❀ rosa, rot, weiß V–X, ○ bis ●, Sommer
Fleißiges Lieschen	↑ 15–30 cm, ❀ weiß, rosa, rot, violett V–X, ◑ bis ●, Sommer
Fuchsie	↑ bis 130 cm, ❀ mehrfarbig weiß, rosa, rot, violett V–X, ◑, Sommer
Gänseblümchen	↑ 15 cm, ❀weiß, rosa, rot III–VI, ○ bis ◑, Frühling
Geranie, hängend und stehend	↑ stehend: 30–60 cm, hängend: bis 80 cm lange Sprosse, ❀ weiß, rosa, rot, violett, V–X, ○ bis ◑, Sommer
Kissen-Primel	↑ 10 cm, ❀ viele Farben II–V, ◑, Frühling
Männertreu, Lobelie	↑ 10–25 cm, ❀ blau, weiß V–X, ○ bis ◑, Sommer
Petunie	↑ 20–50 cm, auch hängende Sorten, ❀ weiß, rosa, rot, violett, blau V–X, ○, Sommer
Ringelblume	↑ 20–50 cm, ❀ gelb, orange VI–X, ○ bis ◑, Sommer
Sonnenblume	↑ bis 3 m, ❀ gelb, orange, rot VII–IX, ○, Sommer
Stiefmütterchen	↑ 15–25 cm, ❀ viele Farben X–V, ○ bis ◑, Herbst und Frühling
Tagetes, Studentenblume	↑ 20–40 cm, ❀ gelb, orange, rot V–X, ○ bis ◑, Sommer
Vergissmeinnicht	↑ 10–30 cm, ❀ blau, rosa, weiß IV–VI, ○ bis ◑, Frühling

M Pflanzenschutz

„Pflanzenschutz“ nehmen wir wörtlich: Wir tun alles, um die Pflanzen zu schützen – und zwar **bevor** sie krank werden. Meistens denkt man bei dem Begriff „Pflanzenschutz“ an den Einsatz von chemischen Mitteln. Im Garten- und Landschaftsbau spielt der chemische Pflanzenschutz aber eher eine geringe Rolle. Bei der Anlage von Gärten und öffentlichen Grünanlagen wollen wir möglichst **natürliche Pflanzengesellschaften** schaffen, die Lebensraum für viele Tierarten sind. Der Einsatz von giftigen Mitteln gefährdet diese Lebensgemeinschaften. Manchmal ist auch die Qualität unseres Trinkwassers gefährdet, wenn die Mittel ins Grundwasser versickern.

Schädlinge sind Tiere, die unsere Kulturpflanzen schädigen. **Nützlinge** fressen die Schädlinge. Die Nützlinge sorgen in der Regel dafür, dass sich die Schädlinge nicht zu stark vermehren und die Pflanzen nicht übermäßig schädigen. **Krankheiten** entstehen durch Pilze, Bakterien oder Viren, die in oder an den Pflanzen wachsen. Eine kräftige, optimal wachsende Pflanze wird nicht so leicht krank, wie eine Pflanze, die am falschen Standort kümmert.

Abb. 152: Nützlinge

1 Schadbilder

Woran erkennt man eigentlich, dass eine Pflanze krank ist?

Es gibt verschiedene **Schadbilder**:

- Die Blätter verfärben sich. Gelbfärbungen nennt man → **Chlorosen**.
- Die ganze Pflanze oder Teile der Pflanze welken → **Welken**.
- Kleine Stellen an der Pflanze sterben ab und werden braun → **Nekrosen**.
- Größere Teile an der Pflanze faulen → **Fäulen**.
- Die ganze Pflanze oder Teile wachsen verformt → **Deformationen**.
- Es fehlen Teile der Pflanze oder sie hat Löcher → **Beschädigungen**.
- Kleine verfärbte Stellen heißen → **Flecken**.

Abb. 153: Schadbilder

2 Schadursachen

2.1 Umwelt

Wetter

Sturm wirft die Pflanzen um. **Hagel** schlägt Löcher in die Pflanzen. Bei **starkem Frost erfrieren** Pflanzen, die keine ausreichende **Frosthärte** haben. **Spätfröste** können Blüten und Blätter schädigen. An Bäumen kann es zu **Frostrissen** kommen (Seite 83). **Starke Trockenheit** schädigt viele Pflanzen. **Immergrüne** Pflanzen können **vertrocknen**, wenn bei warmem sonnigen Wetter der Boden noch gefroren ist. Sie können dann mit den Wurzeln kein Wasser aufnehmen. Das nennt man **Frosttrocknis**.

Boden

Im Boden kann **Nährstoffmangel** oder **Nährstoffüberschuss** vorliegen. Es kann **zu viel Wasser** oder **zu wenig Wasser** im Boden sein. **Bodenverdichtungen** hindern das Wurzelwachstum. Der **pH-Wert** kann zu hoch oder zu niedrig sein.

2.2 Mensch

Arbeiten an der Pflanze

- **Fehler bei der Pflanzung** schwächen die Pflanzen (falscher Standort, Ballentuch nicht gelöst, Pflanzpfahl reibt am Stamm, Angießen vergessen, Wurzeln umgebogen).
- Wenn wir Pflanzen direkt aus dem Gewächshaus in die Sonne pflanzen, bekommen sie einen **Sonnenbrand**, weil sie das viele UV-Licht nicht gewöhnt sind.
- Bei der Arbeit verletzen wir die Pflanzen leicht. Durch die **Verletzungen** können Krankheitserreger eindringen (grober Umgang, zu enge Bindedrähte oder Schnüre, Fehler beim Gehölzschnitt, Verletzungen durch Hacke oder Motorsense, Bauarbeiten).
- **Überdüngte, falsch gedüngte und schlecht mit Nährstoffen** versorgte Pflanzen werden geschwächt und anfällig.
- Wenn wir zu spät Unkraut jäten, bekommen kleinere Pflanzen **wenig Licht**. Sie wachsen dann schnell in Höhe. Man nennt das **Vergeilen**. Vergeilte Pflanzen kippen leicht um und sind anfällig für Krankheiten. Die hohe Luftfeuchtigkeit zwischen dem Unkraut fördert Pilzkrankheiten.
- Schlampigkeit bei der thermischen oder chemischen Unkrautbekämpfung sieht man später deutlich an den getroffenen Kulturpflanzen.

Umweltverschmutzung

- **Industrieabgase** und **Abgase** aus der Verbrennung von Öl, Benzin und Kohle sind für viele Pflanzen schädlich. Deshalb brauchen wir in Innenstädten **rauchharte (industriefeste)** Pflanzen.
- Im Boden können **giftige Stoffe** die Pflanzen schädigen (z. B. Schwermetalle, Herbizide oder Öle). **Streusalz** entzieht den Pflanzen Wasser. An viel befahrenen Straßen müssen wir **salztolerante** Pflanzen verwenden.

2.3 Tiere (Schädlinge)

Wühlmäuse und **Feldmäuse** fressen gern Wurzeln und Zwiebeln. Wenn man Pflanzen einfach aus dem Boden ziehen kann, weil sie keine Wurzeln mehr haben, waren Wühlmäuse am Werk. Wühlmäuse werfen relativ kleine abgeflachte Erdhaufen auf. Ob ein

Abb. 154:
Wühlmausschaden: Die Wühlmaus hat mit ihren scharfen Zähnen fast alle Buchenwurzeln abgenagt.

Abb. 155:
Nacktschnecke mit Schneckeneiern

Wühlmausgang bewohnt ist oder nicht, kann man ausprobieren. Man gräbt ihn auf, sodass Luft hineinzieht. Die Wühlmaus mag das nicht. Sie wühlt den Gang innerhalb kurzer Zeit wieder fest zu. Dann kann man in diesem Gang **Fallen** aufstellen oder Gift auslegen. **Vorsicht! Das Gift ist auch für Haustiere und nützliche Tiere giftig.**

Schnecken mit Haus **(Gehäuseschnecken)** richten in der Regel wenig Schaden an, **Nacktschnecken** umso mehr. Sie sind in der **Nacht** oder bei **Regenwetter** unterwegs und lassen oft nur die Stängel der **frisch gepflanzten Sommerblumen und Stauden** stehen. **Schneckenschleim** und **Kothäufchen** verraten sie. Die **Spanische Wegschnecke** ist die schlimmste. Sie macht **mehr Schleim** als die einheimischen Nacktschnecken und **schmeckt bitter**. Deshalb hat sie kaum Feinde. Erwachsene Tiere erfrieren im Winter, die Eier überleben jedoch. Oft hilft nur noch **Schneckenkorn**, wenn man sich nicht auf Pflanzen beschränken will, die nicht von Schnecken gefressen werden. Wie gegen viele andere Schädlinge gibt es

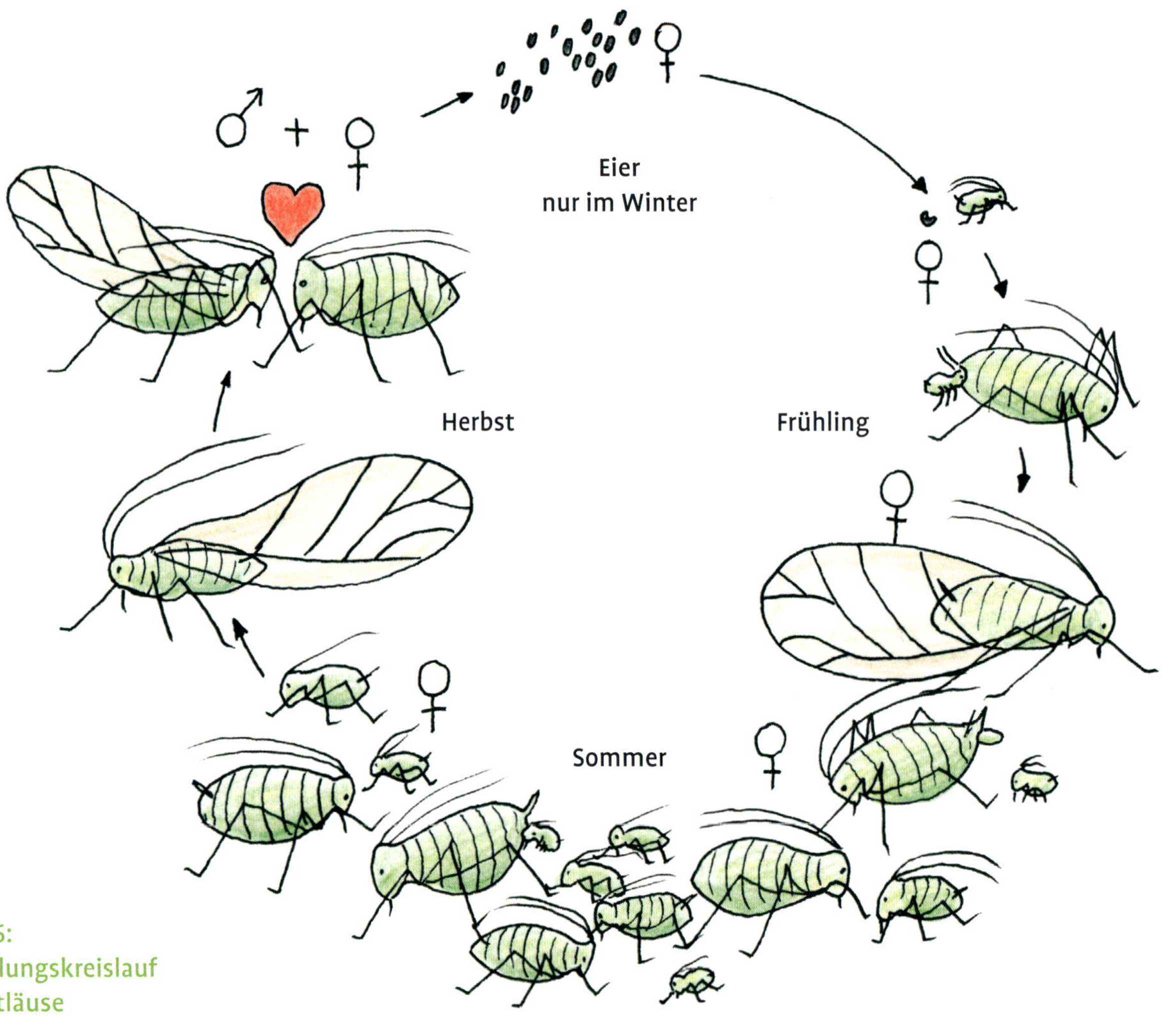

Abb. 156:
Entwicklungskreislauf
der Blattläuse

Mittel mit unterschiedlicher Giftigkeit. Beim **Schneckenkorn** mit dem **Wirkstoff Metaldehyd** schleimen die Schnecken so stark, dass sie vertrocknen. Es kann bei Tieren und Kindern **Vergiftungserscheinungen** hervorrufen. Schneckenkorn mit dem **Wirkstoff Eisen-Phosphat** wird als ungiftig eingestuft. Die Schnecken hören auf zu fressen, verkriechen sich und sterben.

Insekten

Erwachsene Insekten haben **sechs Beine** und einen **Chitinpanzer**. Der Chitinpanzer ist hart und schützt sie wie eine Ritterrüstung. Er wächst nicht; deshalb müssen sich Insekten häuten und neue Chitinpanzer bilden. Insekten legen meistens **Eier**. Daraus schlüpfen **Larven**. Insektenlarven sehen oft völlig anders aus, als die erwachsenen Tiere. Wenn die Larven groß genug sind, verpuppen sie sich an einem ruhigen Ort. In der **Puppe** verwandeln sie sich dann in einen Schmetterling, eine Fliege, eine Biene, eine Mücke oder einen Käfer (siehe Abb. 157). Manche Insekten verpuppen sich nicht, zum Beispiel die Läuse. Sie häuten sich ein paar Mal und werden von Häutung zu Häutung größer (siehe Abb. 156).

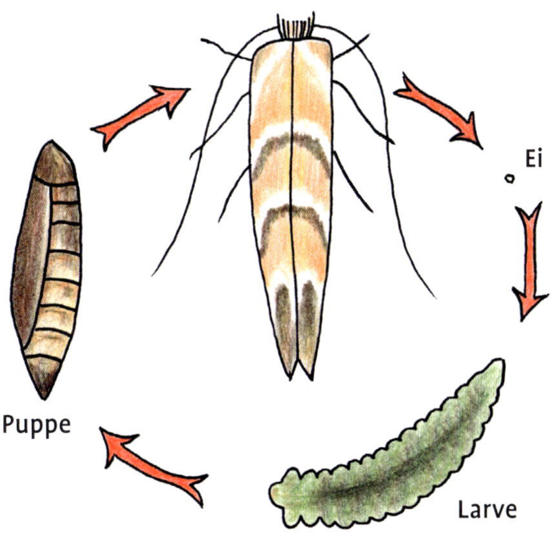

Abb. 157:
Entwicklungskreislauf der Kastanienminiermotte

Nicht alle Insekten sind Pflanzenschädlinge. Manche schädigen die Pflanzen nur in ihrer Jugend. Raupen sind zum Beispiel sehr gefräßig. Die Schmetterlinge, die aus ihnen entstehen, sind harmlose Nektarsauger. Viele Insekten sind sehr nützlich und helfen bei der Schädlingsbekämpfung, zum Beispiel die Marienkäfer.

Blattläuse

Es gibt verschiedene Läuse. Sie haben verschiedene Farben und bevorzugen verschiedene Pflanzen. Läuse stechen die Pflanzen an und **saugen** süßen **Zuckersaft** aus den Siebröhren der Leitungsbahnen. Dadurch schwächen sie die Pflanze. Im Zuckersaft ist wenig Eiweiß. Die Läuse brauchen aber viel Eiweiß. Deshalb saugen sie sehr viel Saft, filtern das Eiweiß heraus und scheiden den überflüssigen Zucker wieder aus. Den

Abb. 158:
Blattläuse

Abb. 159:
Ameisen beim Hüten ihrer Läuseherde.

Abb. 160:
Durch den giftigen Speichel der Läuse wachsen die Blätter verkrüppelt.

Abb. 161:
Läuseeier im Winter

ausgeschiedenen Zuckersaft nennt man **Honigtau**. **Ameisen** mögen Honigtau sehr gerne. Deshalb beschützen sie die Läuse und melken sie wie Kühe. Wenn der Honigtau auf die Blätter tropft und dort festklebt, wachsen leicht **Schwärzepilze (Rußtaupilze)** darauf. Sie dringen nicht ins Blatt ein, nehmen aber dem Blatt Licht weg und die Blätter sehen schmutzig aus. Bei Läusebefall wachsen Pflanzen oft **verdreht** und **verkrüppelt**. Die Läuse haben dann giftigen Speichel ausgeschieden. Besonders großen Schaden richten Läuse an, wenn sie **Viren** übertragen.

Beim ersten starken Frost im Herbst sterben die Blattläuse, nur die Sitkafichtenlaus saugt bis −14 °C weiter. Die **Läuseeier überdauern** den **Winter**. Im **Frühling** schlüpfen winzige Läuse aus den Eiern. Sie sind **alle weiblich**. Wenn sie groß genug sind, **gebären** sie ohne Begattung **lebendige kleine Läuse**, die auch **alle weiblich** sind. Eine Läusemutter kann **100** Läusebabys gebären. Sie sind bei warmem Wetter nach zehn Tagen erwachsen und gebären selbst wieder Läusebabys. Später werden auch Läuse **mit Flügeln** geboren. Sie können auf andere Pflanzen fliegen. So geht das den ganzen Sommer. Erst im **Herbst** werden **Männchen** geboren. Diese befruchten die Weibchen. Die Weibchen legen dann die **Wintereier** (siehe Seite 118).

Was kann man gegen Läuse tun?

- Vorbeugend: Nützlinge schonen und fördern; dazu gehören Vögel, Ohrwürmer, Marienkäfer, Florfliegenlarven, Schwebfliegenlarven, Webspinnen, Wespen und viele andere.
- Biologisch: eingesetzt werden Schlupfwespen, Gallmücken, Florfliegen, Marienkäfer und Schwebfliegen. Oft verteidigen Ameisen die Blattläuse gegen Feinde. Man muss also eventuell die Ameisen bekämpfen, damit die Nützlinge in Ruhe fressen können.
- Chemisch: Wenn der Schaden zu groß wird, spritzt man ein nützlingsschonendes Insektizid. Um den Schaden bei der Sitkafichtenlaus zu beurteilen, machen wir im frühen Frühling die Klopfprobe. Wir halten ein weißes Papier unter einen inneren Zweig und klopfen kräftig am Zweig. Dann fallen die Läuse aufs Papier und wir können sie zählen.

Raupen

Schmetterlingsraupen fressen Pflanzen. Meist ist das harmlos, es fehlen dann einfach ein paar Blätter. Raupen können aber auch ganze Bäume kahl fressen. Oft sieht man sie dann zu Hunderten in eingesponnenen Zweigen herumwuseln. Man kann die Gespinste entfernen. Die Bäume treiben später wieder aus.

Abb. 162:
Kranke Kastanie

Kastanienminiermotte

Die kleinen Falter tanzen während der Blütezeit in Schwärmen unter **weiß blühenden Kastanienbäumen**. Sie legen Tausende von Eiern auf die Oberseite der Kastanienblätter. Später schlüpfen winzige Larven und fressen sich ins Blatt hinein. Sie fressen **„Miniergänge“** ins Blatt und wachsen dabei. Stark befallene Blätter werden braun, rollen sich ein und fallen ab. Oft haben die Kastanien bereits im August **braunes Laub**. Wenn die Larven nach drei bis vier Wochen etwa vier Millimeter groß sind, verpuppen sie sich im Blatt. Nach zwei bis drei Wochen schlüpfen neue Kastanienminiermotten, paaren sich und legen wieder Eier. Sie **überwintern als Puppe im abgefallenen Laub**. Zur Bekämpfung muss man das kranke Kastanienlaub im Winter vollständig entfernen, bei mindestens 55 °C kompostieren oder dick mit Erde oder Folie abdecken. Dann schlüpfen im Frühling unter der Kastanie deutlich weniger Motten. Der Schädling wurde 1994 das erste Mal in Deutschland entdeckt und hat sich seitdem in ganz Deutschland ausgebreitet (Abb. 157).

Abb. 163:
Miniertes Kastanienblatt

Abb. 164:
Buchtenfraß

Dickmaulrüssler

Er ist etwas mehr als einen Zentimeter groß, also eigentlich gut zu sehen. Trotzdem entdeckt man ihn selten, denn er **frisst nachts** und **versteckt sich tagsüber** im Boden. Der Käfer verursacht den sogenannten **Buchtenfraß an den Blättern** (Cotoneaster, Rhododendron). Die **Larven fressen** unten im Boden die **Wurzeln**. Die Dickmaulrüsslerlarven kann man durch Nematoden bekämpfen, die sich in den Larven entwickeln.

Abb. 165:
Dickmaulrüssler beim Fressen

Abb. 166:
Entwicklungskreislauf des Dickmaulrüsslers

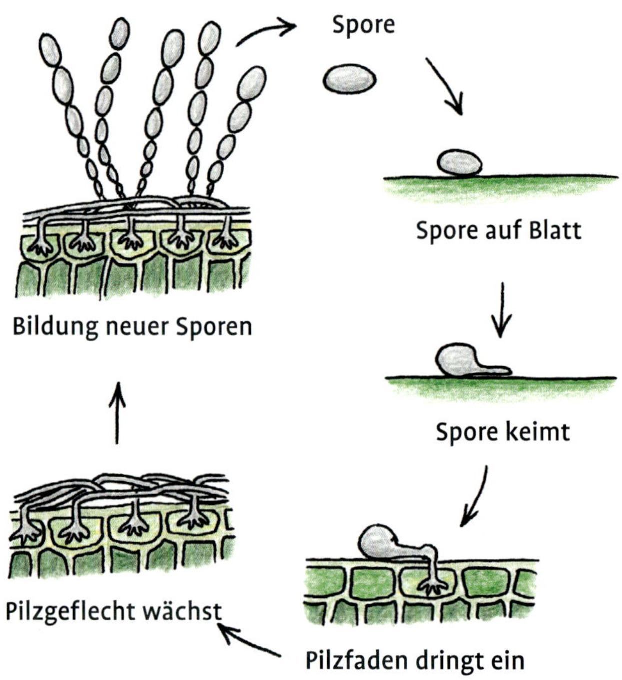

Abb. 167:
Entwicklungskreislauf des Echten Mehltaus

2.4 Pilze

Pilze vermehren sich durch **Sporen**. Eine Spore fliegt auf eine Pflanze. Wenn die Pflanze **nass** wird, keimt die Spore. Nach einigen Stunden dringt der gekeimte **Pilzfaden** ins Pflanzengewebe ein. Das klappt nur bei genügend Feuchtigkeit. Wenn die Pflanze schnell abtrocknet, vertrocknet der Pilzfaden und stirbt ab. Dringt er aber in die Pflanze ein, wächst er, verzweigt sich und breitet sich aus. Ein **Pilzgeflecht** entsteht. Wenn es groß genug ist, bildet es Sporen, die durch Wind und Wasser verteilt werden. Pilze vermehren sich nur bei ausreichend **Feuchtigkeit** und **Wärme**.

Pilze können alle Pflanzenteile befallen. Dabei ist aber jeder Pilz auf bestimmte Pflanzenteile spezialisiert. Pilze wachsen auf oder in den Blättern und Blüten, auf oder in den Früchten, lassen Wurzeln absterben oder verursachen krebsartige Wucherungen. Manche Pilze wachsen in Leitungsbahnen; dann welken die Pflanzen und sterben ab. Viele Bodenpilze sind jedoch nützlich, denn sie helfen bei der Zersetzung von organischer Substanz oder sind wichtige Lebenspartner von großen Bäumen.

Echter Mehltau

Mehltau sieht etwa so aus, als wenn Mehl auf die Pflanzen gestaubt wäre. Später wird der mehlige Belag braun und die befallenen Pflanzenteile sterben ab. Echter Mehltau sitzt meist **auf der Blattoberseite**. Er befällt auch Stängel, Knospen, Blüten und Früchte.

Der Echte Mehltau hat eine Besonderheit. Seine Sporen sind mit Proviant und Wasser ausgerüstet. Sie keimen auch auf trockenen Blättern **(Schönwetterpilz)**. Der Echte Mehltau dringt nur mit ein paar Saugfäden in die Pflanze ein. Der Rest des Pilzgeflechtes **wächst auf der Pflanzenoberfläche (Außenpilz). Man kann ihn** auf glatten Blättern **abwischen**. Nach einigen Tagen bildet der Pilz neue Sporen.

Abb. 168:
Echter Mehltau an Phlox

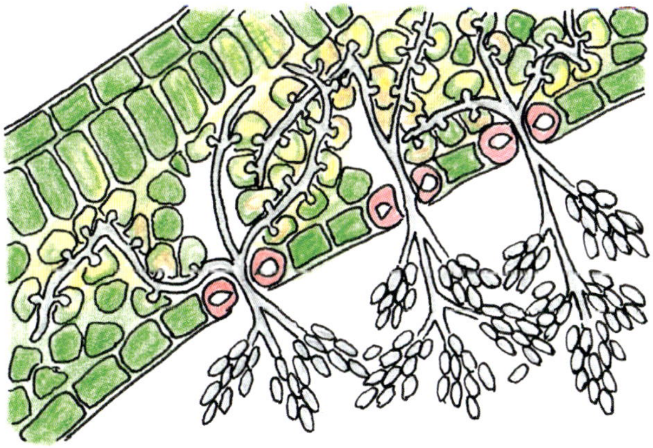

Abb. 169:
Der Falsche Mehltau lebt im Blatt. Die Sporenträger wachsen aus den Spaltöffnungen heraus.

Abb. 170:
Birnengitterrost an einem Birnenblatt

Abb. 171:
Auch der Sternrußtau an Rosen ist eine gefürchtete Pilzkrankheit.

Es gibt viele verschiedene Arten des Echten Mehltaus. Sie sind äußerst spezialisiert und **wachsen meist nur auf einer Pflanzenart**. Rosenmehltau kann zum Beispiel nicht auf Ahorn wachsen und der mehltaukranke Rittersporn kann keinen Apfelbaum anstecken.

Falscher Mehltau

Auf der Blattunterseite entdecken wir einen weißgrauen Belag. Er **lässt sich nicht abwischen**. Oben auf dem Blatt sehen wir nur verfärbte, eingesunkene Flecken.

Die Sporen keimen auf nassen Blättern und dringen durch die Spaltöffnungen oder Wunden ins Blatt ein. Der Falsche Mehltau **wächst im Blatt (Innenpilz)**, nur die Sporenträger wachsen aus den Spaltöffnungen heraus. Wenn wir sie entdecken, ist der Schaden schon groß.

Rost

Die **Sporenlager** der Rostpilze sind im Sommer meist auffällig **rostrot oder orange** gefärbt. Daran erkennt man sie leicht. Viele Rostpilze springen zwischen zwei verschiedenen Pflanzenarten hin und her. Der Birnengitterrost überwintert zum Beispiel auf Wacholderarten. Im Sommer leuchten seine orangefarbenen Sporenlager jedoch auf Birnenblättern. Solche Roste nennt man **wirtswechselnd**, denn Pflanzen, die von Schädlingen oder Krankheiten befallen sind, nennt man Wirtspflanzen. Wirtswechselnde Rostpilze können wir eindämmen, wenn wir die Zwischenwirte nicht in unmittelbarer Nähe pflanzen.

Rotpustelpilz

Der Pilz dringt bei ersten Anzeichen von Schwäche in die gesunde Rinde ein. Ganze Zweige sterben ab. Auf der Rinde erscheinen rötliche Pusteln. Kranke Zweige schneiden wir schnell heraus und kräftigen die Pflanze durch optimale Pflege. Wunden verstreichen wir mit Wundverschlussmittel. Gesunden Gehölzen kann der Rotpustelpilz meist nichts anhaben. Man nennt ihn deshalb einen **„Schwächeparasit“**.

Abb. 172:
Rotpustelpilz

Was kann man gegen Pilzkrankheiten tun?

- Vorbeugend: gute Pflege; nicht zu viel Stickstoff düngen, denn überdüngte Pflanzen haben weiches Gewebe; resistente oder unempfindliche Sorten pflanzen; richtige Pflanzabstände einhalten, damit die Pflanzen schnell abtrocknen.
- Physikalisch: befallene Zweige und Blätter entfernen.
- Chemisch: Fungizidbehandlung.

2.5 Bakterien und Viren

Die meisten Bakterien sind harmlos oder sogar nützlich. Einige verursachen aber Krankheiten **(Bakteriosen)**. Zur Ausbreitung brauchen sie **Wärme** und **Feuchtigkeit**. Sie kommen über **Wunden** in die Pflanzen, zum Beispiel beim Stich durch einen Insektenrüssel. Die Bakterien können wir mit bloßem Auge nicht erkennen, aber die Schäden an den Pflanzen entdecken wir. Es können **Weichfäulen, Vergilbungen, Nekrosen, Welken** oder **krebsartige Wucherun-**

Abb. 173:
Eine gefährliche Bakteriose ist der Feuerbrand. Er befällt vor allen Dingen Apfel, Birne, Quitte, Cotoneaster, Weißdorn, Feuerdorn und Eberesche. Befallene Zweigspitzen knicken hakenförmig nach unten, Blätter und Blüten hängen schwarz nach unten, bei feuchter Witterung tropft milchig weißer Bakterienschleim aus der Rinde. Die Krankheit ist meldepflichtig, da sie für den Obstbau sehr gefährlich ist.

Abb. 174:
Das Himbeermosaikvirus ist weit verbreitet.

gen sein. Gegen Bakterien sind **keine Spritzmittel** zugelassen. Wir müssen kranke Zweige sofort vierzig Zentimeter tief bis ins gesunde Holz zurückschneiden und unsere Werkzeuge gut desinfizieren. Die kranken Zweige werfen wir nicht auf den Kompost. Am besten verbrennen wir sie.

Viren sind noch kleiner als Bakterien. Sie können nur **über Wunden** in die Pflanze gelangen. Dazu brauchen sie einen Überträger, zum Beispiel Blattläuse oder Menschen mit ihren Werkzeugen. **Virosen** sehen sehr verschieden aus. Häufig findet man **mosaikartige Blattflecken**, aber auch **Chlorosen, Nekrosen** oder **Missbildungen**. Es gibt **keine Spritzmittel** gegen Viren. Die schnelle Erkennung und Entfernung von kranken Pflanzen ist daher äußerst wichtig.

3 Pflanzenschutzmaßnahmen

Um den Einsatz von **giftigen** Pflanzenschutzmitteln **möglichst zu vermeiden** oder wenigstens **gering zu halten**, müssen Gärtner nach den **Regeln des integrierten Pflanzenschutzes** handeln. Es reicht nicht, Spritzmittel auswendig zu lernen, ein Gärtner muss mehr können. Moderner Pflanzenschutz funktioniert in folgender Reihenfolge:

- 1. Wir **beugen vor**, indem wir **robuste, resistente Pflanzenarten** aussuchen und die **richtigen Standorte** (Boden- und Lichtverhältnisse) wählen, **gesunde Pflanzen kaufen**, **richtig pflanzen**, **genug Platz** lassen, **richtig gießen, düngen und schneiden,** auf **Hygiene achten** (Werkzeuge säubern, wenn nötig desinfizieren), **Bodenverdichtungen beseitigen, mulchen**, um Unkräuter zu unterdrücken, oder **Nützlinge fördern** (Nistkästen aufhängen, Hecken pflanzen, Lebensräume erhalten oder schaffen). Wo sich Marienkäfer, Schlupfwespen, Schwebfliegen, Raubwanzen, Igel, Blindschleichen und Vögel wohl fühlen, werden Schädlinge schnell gefressen.
- 2. Wir wenden zunächst alle **giftfreien Methoden** zum Pflanzenschutz an. Dazu gehören **mechanische** und **thermische** Bekämpfung: Das Fangen von Wühlmäusen, das Absammeln von Raupen, das Abstechen von Schnecken, das Vernichten kranker Pflanzen oder kranken Falllaubs, das Herausschneiden von kranken Ästen, das Hacken, Ausgraben, Herausziehen, Fräsen oder Abflammen von Unkraut. Um erfolgreich zu sein, müssen wir Krankheiten und Schädlinge rechtzeitig erkennen und entdecken, z. B. mithilfe von Lockfallen oder klebrigen Gelbtafeln. **Biologische** Methoden wie das gezielte Ausbringen von **Nützlingen** sind im GaLaBau noch wenig entwickelt.
- 3. **Chemische Mittel** spritzen wir erst dann, wenn Schädlinge und Krankheiten unsere Pflanzen ernsthaft bedrohen. Wir benutzen möglichst **umweltschonende** und **nützlingsschonende** Pflanzenschutzmittel; nur in Ausnahmefällen wenden wir giftige Mittel an. Es dürfen nur Pflanzenschutzmittel verwendet werden, die eine **Zulas-**

sungsnummer vom BLV (Bundesamt für Verbraucherschutz und Lebensmittelsicherheit) haben. Die Mittel müssen nach Gefahrstoffrecht gekennzeichnet sein **(Gefahrenpiktogramme)**. Es muss eine deutschsprachige **Gebrauchsanweisung** beiliegen, die man genau befolgen muss. Zuwiderhandlungen werden mit bis zu 50.000 € bestraft. Wer Fragen hat, kann beim **Pflanzenschutzamt** nachfragen.

Wer in seinem Beruf giftige Pflanzenschutzmittel ausbringen will oder damit handelt, braucht einen **Sachkundenachweis**. Das Wissen aus diesem Buch reicht nicht für den Sachkundenachweis. Sehen wir trotzdem kurz in einen Giftschrank hinein. Welche Pflanzenschutzmittel finden wir?

Tabelle 16: Pflanzenschutzmittel	
Insektizide	gegen Insekten
Akarizide	gegen Milben
Fungizide	gegen Pilze
Herbizide	gegen Unkräuter
Molluskizide	gegen Schnecken
Nematizide	gegen Nematoden
Rodentizide	gegen Nagetiere (Mäuse und Ratten)

Wie wirken Pflanzenschutzmittel?
Kontaktgifte wirken bei Berührung.
Atemgifte wirken beim Einatmen.
Fraßgifte wirken, wenn sie gefressen werden.
Systemische Gifte werden von der Pflanze aufgenommen und durch die Leitbündel in der ganzen Pflanze verteilt, sodass die Schädlinge sterben, wenn sie an der Pflanze fressen oder saugen. Viele Mittel wirken nicht nur gegen Schädlinge, sondern können auch für den Menschen sehr giftig sein.

Abb. 175:
Stoppschild für Pflanzenschutz

Was muss man beachten?
- Pflanzenschutzmittel darf man **nur für die Fälle anwenden, für die sie zugelassen sind**. Ein Herbizid für den Rasen darf man zum Beispiel nicht auf einen befestigten Weg spritzen. Ein Fungizid für eine Rose darf man nicht auf einen Ahorn spritzen. Alles, was in der **Gebrauchsanweisung** steht, muss man **einhalten**.
- Auf **öffentlichen Flächen** wie Parkanlagen, Kinderspielplätzen oder Sportplätzen darf man Pflanzenschutzmittel generell **nicht anwenden**. Man kann aber in Sonderfällen eine extra Genehmigung beantragen.
- Pflanzenschutzmittel dürfen **nur in der Originalverpackung im fest verschlossenen Giftlagerraum** gelagert werden. Den Giftlagerraum dürfen nur befugte, fachkundige Personen betreten. Man darf Pflanzenschutzmittel nie in Sprudelflaschen oder „normale" Gefäße füllen. Reste gehören nicht in den Abfluss, sondern zum **Sondermüll**.
- Pflanzenschutzgeräte werden regelmäßig überprüft und brauchen eine Prüfplakette. Bei **Wind** darf man **nicht spritzen**, damit das Mittel nicht abdriftet.
- Beim Spritzen dürfen **keine anderen Personen oder Tiere in der Nähe** sein, auch nach dem Spritzen darf man die Flächen nicht betreten. Deshalb muss man sie **kennzeichnen**.
- Bei **Vergiftungsverdacht** gehen wir **sofort zum Arzt**. Die Packung nehmen wir mit, damit der Arzt schnell weiß, was er machen muss.

Register

Fett gedruckte Seitenzahlen verweisen auf Schwerpunkte.

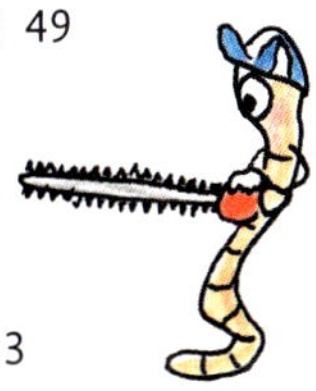